Dieter Hummel
Krankheit und Kündigung

RECHT AKTUELL

Dieter Hummel

Krankheit und Kündigung

Bund-Verlag

Die Deutsche Bibliothek – CIP-Einheitsaufnahme

Hummel, Dieter:
Krankheit und Kündigung / Dieter Hummel. –
Frankfurt am Main : Bund-Verl., 2001
   (Recht aktuell)
   ISBN 3-7663-3260-0

© 2001 by Bund-Verlag GmbH, Frankfurt am Main
Herstellung: Christel Lampe, Frankfurt am Main
Umschlag: Neil McBeath, Kornwestheim
Umschlaggestaltung: Stock Market, Düsseldorf
Satz: Dörlemann Satz, Lemförde
Druck: Media-Print, Paderborn
Printed in Germany 2001
ISBN 3-7663-3260-0

Vorwort

Krankheit und deren arbeitsrechtliche Folgen berühren das Leben von abhängig Beschäftigten in besonderer Weise. Zu den Belastungen, die eine Erkrankung mit sich bringt, treten auch noch Gefahren für die berufliche Existenz. Oft wissen die Betroffenen in dieser Situation nicht um ihre Rechte und die Abläufe, die notwendig sind, um diese Rechte zu sichern.

Der Ratgeber will den Betroffenen einen schnellen, an den konkreten Problemen orientierten Überblick über ihre Rechte und deren Durchsetzung verschaffen. Er will aber auch auf die Pflichten verweisen, deren Beachtung Auseinandersetzungen zu verhindern hilft und Rechtsverluste vermeidet. Er gibt einen Überblick über die in diesem Zusammenhang auftretenden Probleme. Schwerpunkte sind die Fragen zur Kündigung wegen einer Krankheit und die Pflichten der Beschäftigten während der Krankheit sowie die Folgen einer Verletzung dieser Verpflichtungen.

Der Ratgeber wendet sich zwar in erster Linie an die abhängig Beschäftigten, er hilft jedoch auch Vorgesetzten bei kleineren Arbeitgebern dabei, die Unsicherheiten auf deren Seiten zu beseitigen und gibt Hilfen hinsichtlich des Umgangs mit Problemen, die bei Erkrankungen von Arbeitnehmern auftreten können.

Die rechtlichen Probleme im Zusammenhang mit einer Krankheit sind im Wesentlichen nicht gesetzlich geregelt; ihre Lösung ist vielmehr der Rechtsprechung überlassen. Diesem wird mit einer Vielzahl von Verweisen auf Entscheidungen des Bundesarbeitsgerichts, die zum Teil auch im Text dargestellt werden, Rechnung getragen. Zur vertiefenden Beschäftigung sind Verweise auf die einschlägigen Fundstellen in den wichtigsten Kommentaren und Abhandlungen aufgenommen.

Dem Ratgebercharakter und der daraus am Praxiswert orientierten Darstellung folgend sind Probleme nicht in ihre einzelnen Verästelungen verfolgt worden, sondern es wurde Wert darauf gelegt, die derzeit herrschende Meinung darzustellen, um die notwendige Sicherheit für Handlungsalternativen zu bieten. Bei Rechtsfragen, die noch nicht eindeutig geklärt sind, wurden die

Argumente dargestellt und auch kritisch bewertet, um Entscheidungshilfen zu geben.

Ich habe versucht, im Text männliche und weibliche Formen einigermaßen gleichmäßig zu verwenden. Es ist selbstverständlich, dass alle Formen auch für das jeweils andere Geschlecht, soweit sich aus den Beispielen selbst nichts anderes ergibt, Geltung haben.

Ausdrücklich möchte ich zur Kritik am vorliegenden Ratgeber auffordern und um Anregungen bitten (kanzlei@diefirma.net; Immanuelkirchstraße 3–4, 10405 Berlin). Sie dienen einer zukünftig verbesserten Darstellung, aber oft auch dem weiteren Erkenntnisgewinn des Autors.

Und wie so oft der – sehr ernst gemeinte – Dank am Schluss: Ohne Sibylle Spoo und ihre Kenntnisse der deutschen Sprache sowie ihre Bereitschaft, mir diese zur Verfügung zu stellen, wäre dieses Buch viel schlechter (zu lesen).

Berlin, im Mai 2001   Dieter Hummel

Inhaltsverzeichnis

Abkürzungsverzeichnis

a.a.O.	am angegebenen Ort
Abs.	Absatz
a.E.	am Ende
AG	Aktiengesellschaft
AiB	Arbeitrecht im Betrieb (Zeitschrift)
ArbSchG	Arbeitsschutzgesetz
ArbG	Arbeitsgericht
Art.	Artikel
AP	Arbeitsrechtliche Praxis (Entscheidungssammlung)
Aufl.	Auflage
AV	Arbeitsvertrag
BAG	Bundesarbeitsgericht
BAGE	Amtliche Sammlung der Entscheidungen des Bundesarbeitsgerichts
BAT	Bundes-Angestelltentarifvertrag
BErzGG	Bundeserziehungsgeldgesetz
BetrVG	Betriebsverfassungsgesetz
BfA	Bundesversicherungsanstalt für Angestellte
BGB	Bürgerliches Gesetzbuch
BUrlG	Bundesurlaubsgesetz
DB	Der Betrieb (Zeitschrift)
EFZG	Entgeltfortzahlungsgesetz
ErfK	Erfurter Kommentar zum Arbeitsrecht
etc.	et cetera
EU	Europäische Union
EuGH	Europäischer Gerichtshof
EWG	Europäische Wirtschaftsgemeinschaft
EzA	Entscheidungssammlung zum Arbeitsrecht
f./ff.	folgende
FKHE	Fitting/Kaiser/Heither/Engels, Kommentar zum BetrVG, 20. Auflage 2000

Fn.	Fußnote
GG	Grundgesetz
ggf.	gegebenenfalls
i.S.	im Sinne
i.V.m.	in Verbindung mit
KR	Gemeinschaftskommentar zum Kündigungsschutzgesetz und sonstigen kündigungsrechtlichen Verordnungen
KSchG	Kündigungsschutzgesetz
LAG	Landesarbeitsgericht
LAGE	Entscheidungen der Landesarbeitsgerichte
LohnFG	Lohnfortzahlungsgesetz
LTV	Lohntarifvertrag
m. Anm.	mit Anmerkung
MuSchG	Mutterschutzgesetz
m.w.N.	mit weiteren Nachweisen
Nr.	Nummer
n.v.	nicht veröffentlicht
NZA	Neue Zeitschrift für Arbeits- und Sozialrecht
o.Ä.	oder Ähnliches
Rn.	Randnummer
S.	Seite
SGB	Sozialgesetzbuch
SchwbG	Schwerbehindertengesetz
TV	Tarifvertrag
vgl.	vergleiche
z.B.	zum Beispiel

Literaturverzeichnis

Becker/Etzel/Fischermeier/Friedrich/Lipke/Pfeiffer/Rost/Spilger/Weigand/ **Wolff**, Gemeinschaftskommentar zum Kündigungsschutzgesetz und zu sonstigen kündigungsschutzrechtlichen Vorschriften, 5. Auflage 1998

Däubler/Kittner/Klebe (Hrsg.), Kommentar zum Betriebsverfassungsgesetz, 7. Auflage 2000

Dieterich/Hanau/Schaub (Hrsg.), Erfurter Kommentar zum Arbeitsrecht, 1998

Fitting/Kaiser/Heither/Engels, Kommentar zum Betriebsverfassungsgesetz, 20. Auflage 2000

Kasseler Kommentar zum Sozialversicherungsrecht, Bd. 1 (Stand: Dezember 2000)

Kittner/Däubler/Zwanziger, Kündigungsschutzrecht, 5. Auflage 2001

Kunz/Wedde, Entgeltfortzahlungsrecht, Kommentar für die Praxis, 2000

Künzl, Letztmals: Verhaltensbedingte Kündigung bei Verweigerung einer Alkoholtherapie, NZA 1999, 744f.

Lepke, Kündigung bei Krankheit, 10. Auflage 2000

Schaub, Arbeitsrechts-Handbuch, 9. Auflage 2000

Zinke/Rehwald, Fehlzeitendebatte und Krankenkontrolle – Eine Argumentationshilfe der IG Metall zum Thema Krankenrückkehrgespräche, 1996

1. Kapitel
Krankheit und Arbeitsunfähigkeit

Dieses Buch beschäftigt sich mit den Auswirkungen von Krankheit auf das Arbeitsverhältnis. Es ist deshalb notwendig, vorab zu klären, was unter Krankheit verstanden wird und wie die Zusammenhänge von Krankheit und Arbeitsunfähigkeit sind. Dies um so mehr, als der Begriff der Krankheit gesetzlich nicht definiert ist.

I. Krankheit

Unter Krankheit wird medizinisch ein regelwidriger Körper- oder Geisteszustand verstanden, der in der Notwendigkeit der Heilbehandlung oder der Arbeitsunfähigkeit wahrnehmbar zu Tage tritt.[1] Der regelwidrige Zustand muss üblicherweise durch eine ärztliche Heilbehandlung behoben, gelindert oder zumindest vor drohender Verschlimmerung bewahrt werden. Es ist nicht erforderlich, dass die Krankheit heilbar ist, auch unheilbare Krankheiten werden erfasst, sofern sie behandlungsbedürftig sind.[2]

Unter einem regelwidrigen Zustand wird ein Zustand verstanden, der nach allgemeiner Erfahrung unter Berücksichtigung eines natürlichen Verlaufs des Lebensganges nicht bei jedem anderen Menschen gleichen Alters oder Geschlechts zu erwarten ist.[3] Erkrankungen sind nur regelwidrig verlaufende Gesundheitsprozesse. Eine regelmäßig verlaufende Schwangerschaft oder das altersbedingte Nachlassen der Arbeitskraft sind damit keine Krankheiten. Regelwidrige Störungen einer Schwangerschaft können aber eine Krankheit darstellen.

Ebenso wenig liegt eine Krankheit bei Beschwerden vor, die als Folge einer natürlichen Körperbehinderung auftreten.[4]

---

1 Schaub, § 98 Rn. 9.
2 Lepke, S. 104.
3 ErfK-Ascheid, § 1 KSchG Rn. 210.
4 Schaub, § 98 Rn. 11.

Erkrankungen liegen auch bei einer physischen und psychischen Abhängigkeit von Alkohol vor. Eine solche Abhängigkeit ist gegeben, wenn der Alkoholgenuss trotz besserer Einsicht nicht aufgegeben oder reduziert werden kann,[5] dem Erkrankten insoweit die Steuerungsfähigkeit fehlt. Die gleichen Grundsätze gelten für die Abhängigkeit von Drogen und Nikotin.[6]

Auf die Ursachen der Krankheit kommt es nicht an, ebenso wenig darauf, ob ein Verschulden vorliegt oder nicht.

II. Arbeitsunfähigkeit

Vor dem Hintergrund der eben ausgeführten Definition von Krankheit ist klar, dass nicht jede Erkrankung arbeitsrechtlich relevant ist. Von Bedeutung sind hier die Erkrankungen, die als einzige Ursache die Arbeitsfähigkeit des Beschäftigten ganz aufheben oder mindern, wobei zwischen der Erkrankung und der Arbeitsunfähigkeit ein unmittelbarer Zusammenhang bestehen muss.[7] Arbeitsunfähigkeit liegt dann vor, wenn die Krankheit es dem Arbeitnehmer unmöglich macht, die nach dem Inhalt des Arbeitsvertrages geschuldete Leistung zu erbringen oder er die Arbeit nur bei Gefahr der Verschlimmerung der Erkrankung ausführen kann.

Arbeitsunfähigkeit ist auch dann gegeben, wenn bei einem bestimmten Krankheitszustand, der für sich genommen noch keine Arbeitsunfähigkeit bedingt, absehbar ist, dass aus der Ausübung der arbeitsvertraglich geschuldeten Tätigkeiten für die Gesundheit oder Gesundung abträgliche Folgen erwachsen, die die Arbeitsunfähigkeit unmittelbar hervorrufen werden.[8]

Eine krankheitsbedingte Arbeitsunfähigkeit liegt auch dann vor, wenn dem Arbeitnehmer krankheitsbedingt die Erbringung der Arbeitsleistung nicht mehr zugemutet werden kann, z.B. wenn er einen Finger ständig abspreizen und die deswegen erfolgende ärztliche Behandlung fortgesetzt werden muss.[9] Dies gilt auch dann, wenn die Arbeit nur unter der Gefahr fortgesetzt werden

---

5 BAG vom 26. 1. 1995 – 2 AZR 649/94, NZA 1995, 517.

6 Schaub, § 98 Rn. 9.

7 Lepke, S. 107.

8 Richtlinien des Bundesausschusses der Ärzte und Krankenkassen vom 1. 10. 1991, zitiert nach Lepke, S. 109.

9 Schaub, § 98 Rn. 13.

kann, dass sich der Gesundheitszustand in absehbarer Zeit verschlechtern würde.[10]

Die Beurteilung, ob eine krankheitsbedingte Arbeitsunfähigkeit vorliegt, hängt damit ganz entscheidend von der Art der zu erbringenden Leistung ab. Nicht jede Krankheit führt zur Arbeitsunfähigkeit. Jedoch kann eine Krankheit, die bei dem einen Beschäftigten die Erbringung der geschuldeten Arbeitsleistung unmöglich macht und damit eine Arbeitsunfähigkeit darstellt, bei einem anderen Arbeitnehmer überhaupt keine Auswirkungen haben. So stellt eine Bänderdehnung im Knie zwar sowohl für die Telefonistin als auch für den Berufsfußballer eine Krankheit dar, sie führt jedoch nur bei dem Fußballer zur krankheitsbedingten Arbeitsunfähigkeit.[11]

Bei der Beurteilung, ob eine krankheitsbedingte Arbeitsunfähigkeit vorliegt, kann es auch entscheidend auf die Schwere der Erkrankung ankommen. Ein leichter Schnupfen muss noch keine Arbeitsunfähigkeit bedingen, jedoch kann er bei Gefahr einer Chronifizierung eine krankheitsbedingte Arbeitsunfähigkeit begründen.

Für das Vorliegen einer krankheitsbedingten Arbeitsunfähigkeit kommt es auch nicht darauf an, dass diese zeitlich begrenzt ist. Auch wenn schon zu Beginn der Erkrankung absehbar ist, dass eine Genesung und eine Arbeitsaufnahme nicht mehr eintreten werden, liegt jedenfalls zunächst einmal eine krankheitsbedingte Arbeitsunfähigkeit vor.

Ebenso wenig kommt es darauf an, ob die Krankheit, z.B. ein bereits bestehender Bandscheibenschaden, eine angeborene Herzschwäche, die erworbene Lebererkrankung, bereits vor Aufnahme der Tätigkeit bestanden hat. Ist dies so und wird im Verlauf des Arbeitsverhältnisses eine Krankenbehandlung notwendig, ist diese Krankheit nach den gleichen Grundsätzen zu behandeln wie jede andere krankheitsbedingte Arbeitsunfähigkeit auch.

Sind medizinische Maßnahmen der Vorsorge oder der Rehabilitation geboten, liegt in der Regel ebenfalls eine krankheitsbedingte Arbeitsunfähigkeit vor.[12] Die Pflichten des Arbeitnehmers und die Rechtsfolgen ergeben sich aus § 9 EFZG.

Ob eine krankheitsbedingte Arbeitsunfähigkeit vorliegt, bestimmt sich objektiv, nicht nach den subjektiven Vorstellungen des Arbeitnehmers oder des Arbeitgebers. Maßgebend ist die ärztliche Beurteilung.[13] Die dem Arbeitgeber

---

10 Lepke, S. 108.
11 Schaub, § 98 Rn. 17.
12 ErfK-Dörner, § 9 EFZG Rn. 20 ff.
13 BAG vom 17.2.1998 – 9 AZR 130/97, NZA 1999, 33.

obliegende Fürsorgepflicht berechtigt diesen nicht, dem Arbeitnehmer gegen dessen erklärten Willen die Beschäftigung auf einem Arbeitsplatz dann zu verweigern, wenn der Arbeitgeber dies als für den Arbeitnehmer gesundheitlich gefährdend ansieht.[14]

---

14 Ebenda.

2. Kapitel
Kündigung wegen Krankheit

I. Kündigung während der Krankheit

1. Grundsätzlich kein Kündigungsverbot

Beispiel:
Herr Müller ist arbeitsunfähig krank. Noch während der Zeit seiner Krankschreibung erhält er eine Kündigung aus betriebsbedingten Gründen. Er sucht einen Anwalt oder Gewerkschaftssekretär auf mit dem Anliegen, gegen die Kündigung vorzugehen. Herr Müller geht davon aus, die Kündigung sei schon deshalb rechtswidrig, weil während der Krankschreibung nicht gekündigt werden dürfe. Als er von seinem Rechtsvertreter hört, dass diese Auffassung so weit verbreitet wie falsch ist, erntet dieser blanken Unglauben.

Tatsächlich ist das »Wissen«, dass während der Krankheit nicht gekündigt werden dürfe, so verbreitet wie unzutreffend. Es gibt keine gesetzliche Vorschrift, die dem Arbeitgeber verbietet, dem Beschäftigten auch während der Zeit der Arbeitsunfähigkeit zu kündigen. Dies gilt für alle Kündigungen unabhängig davon, aus welchem Grund sie ausgesprochen werden, also auch für Kündigungen wegen Krankheit oder anderer, z.B. betriebsbedingter Gründe. Eine Kündigung, die während einer Krankheit – egal aus welchem Grund – ausgesprochen wird, ist also nicht schon deshalb unwirksam. Natürlich kann aber jede dieser Kündigungen durch das Gericht daraufhin überprüft werden, ob die angegebenen Kündigungsgründe tatsächlich vorliegen und eine Kündigung rechtfertigen.

2. Tarifvertragliche Regelungen

Wenn oben einschränkend gesagt wurde, dass **grundsätzlich** nicht während einer Krankheit gekündigt werden darf, dann deshalb, weil einige Tarifverträge Regelungen vorsehen, die das Kündigungsrecht des Arbeitgebers einschränken. Die nachfolgende Aufzählung kann nicht vollständig sein, so dass ein Blick in die einschlägigen Tarifverträge immer notwendig ist.

So regelt etwa § 30 Abs. 13 Lohntarifvertrag Arbeiter Deutsche Bundesbahn, dass Arbeitern, die länger erkrankt sind, vor der 26. Woche nur dann gekündigt werden soll, wenn dies aus dienstlichen Gründen erforderlich ist. Wird eine Versicherungsrente gewährt, so endet das Arbeitsverhältnis mit Gewährung der Rente. Wird eine Rente abgelehnt, so soll nicht gekündigt werden, solange das Rentenverfahren läuft. Allerdings heißt es in dieser Vorschrift weiter, dass derjenige Arbeitnehmer, der zur Arbeitsleistung unfähig wird, außerordentlich gekündigt werden kann. Dies gilt auch, wenn der Beschäftigte an sich tarifvertraglich unkündbar ist.

Nach § 55 Abs. 2 Satz 3 BAT kann der Arbeitgeber dem Arbeitnehmer in den Fällen, in denen der Arbeitnehmer auf Dauer nicht mehr in der Lage ist, die Leistung zu erbringen, für die er eingestellt wurde, nur dann kündigen, um ihn abzugruppieren, wenn die Leistungseinbuße nicht durch einen Arbeitsunfall oder eine Berufskrankheit verursacht wurde, der Arbeitnehmer die Leistungsminderung nicht grob fahrlässig oder vorsätzlich herbeigeführt hat oder die Leistungseinbuße nicht auf der durch langjährige Beschäftigung verursachten Abnahme der Leistungsfähigkeit beruht und der Arbeitnehmer das 55. Lebensjahr noch nicht vollendet hat.

Der Manteltarifvertrag für die Beschäftigten bei der Deutschen Bahn AG regelt in § 6, dass während eines laufenden Berufsfürsorgeverfahrens eine Kündigung aus gesundheitlichen Gründen nicht ausgesprochen werden darf.

Für die Mitarbeiter in Apotheken, die mindestens ein halbes Jahr beschäftigt sind, regelt der Bundesrahmentarifvertrag in § 21, dass aus Anlass einer Arbeitsunterbrechung wegen Krankheit nicht gekündigt werden darf. Das heißt, dass nicht nur während der Krankheit, sondern auch im unmittelbaren Anschluss an eine solche nicht gekündigt werden darf. Allerdings bezieht sich dieses Kündigungsverbot nur auf Kündigungen wegen Krankheit. Wird eine Kündigung während der Krankheit oder unmittelbar danach ausgesprochen, so ist zunächst anzunehmen, dass die Kündigung wegen der Krankheit geschieht. Diesen Beweis des ersten Anscheins muss der Arbeitgeber entkräften.[1]

Zu verweisen ist schließlich darauf, dass verschiedene Tarifverträge auch ein Kündigungsverbot für außerordentliche Kündigungen regeln. So heißt es z.B. im Manteltarifvertrag für die Arbeitnehmer bei der Deutschen Post AG (TV Nr. 26) in § 23 unter der Überschrift »Beendigung des Arbeitsverhältnisses durch außerordentliche Kündigung«, dass das Arbeitsverhältnis zwar aus wichtigem Grund gekündigt werden kann, dass aber »andauernde Arbeitsunfähigkeit wegen anhaltender Krankheit (…) kein wichtiger Grund im vorstehenden Sinne« ist.

---

1 BAG vom 5.2.1998 – 2 AZR 270/97, NZA 1998, 644.

II. Kündigung des Arbeitgebers wegen Krankheit

1. Fristgemäße Kündigung durch den Arbeitgeber

a) Überblick

Die Kündigung wegen Krankheit stellt einen Unterfall der personenbedingten Kündigung dar. Nach § 1 Abs. 2 KSchG kann der Arbeitgeber dann personenbedingt kündigen, wenn der Arbeitnehmer nicht mehr in der Lage ist, die geschuldete Arbeitsleistung ganz oder teilweise zu erbringen. In der Praxis ist die krankheitsbedingte Kündigung der Hauptfall der personenbedingten Kündigung.

Die personenbedingte Kündigung ist, ebenso wie die betriebs- und die verhaltensbedingte Kündigung, nach § 1 KSchG nur dann rechtlich zulässig, wenn sie nicht sozialwidrig ist.

Voraussetzung ist zunächst, dass die übrigen Voraussetzungen für das Eingreifen des Kündigungsschutzes nach dem Kündigungsschutzgesetz vorliegen:
- Beschäftigungsdauer von mehr als sechs Monaten und
- regelmäßige Beschäftigung von mehr als fünf Arbeitnehmern, wobei Auszubildende nicht berücksichtigt werden.

Liegen diese Voraussetzungen vor und besteht damit der Kündigungsschutz, so sind in der daran anschließenden Prüfung an die soziale Rechtfertigung einer personenbedingten Kündigung hohe Anforderungen zu stellen, da sie ja nicht an ein Verschulden des Arbeitnehmers anknüpft und anders als die verhaltensbedingte Kündigung kein Fehlverhalten bestraft wird. Diese hohen Ansprüche gelten auch bei einer Kündigung im Krankheitsfall. Die Rechtsprechung[2] hat zur Prüfung der sozialen Rechtfertigung einer krankheitsbedingten Kündigung ein **Drei-Stufen-Schema** entwickelt:
1. Zunächst muss hinsichtlich der voraussichtlichen Entwicklung des Gesundheitszustandes eine negative Prognose vorliegen.
2. Die bisherigen und die nach der Prognose zu erwartenden Auswirkungen des Gesundheitszustandes des Arbeitnehmers müssen zu einer erheblichen Beeinträchtigung der betrieblichen Interessen führen. Sie können durch Störungen im Betriebsablauf oder durch wirtschaftliche Belastungen hervorgerufen werden.

---

2 BAG vom 21.5.1992 – 2 AZR 399/91, NZA 1993, 497, 498.

3. Es muss eine Interessenabwägung zwischen den erheblichen betrieblichen Beeinträchtigungen und den Interessen des Arbeitnehmers stattfinden. Dabei ist für eine nicht sozialwidrige Kündigung erforderlich, dass die erheblichen betrieblichen Beeinträchtigungen zu einer billigerweise nicht mehr hinzunehmenden Belastung des Arbeitgebers führen. Die dauernde Leistungsunfähigkeit des Arbeitnehmers führt dabei grundsätzlich zu einer für den Arbeitgeber nicht mehr tragbaren betrieblichen Beeinträchtigung.

Aus diesem Schema ergibt sich bereits, dass die Prüfung, ob eine krankheitsbedingte Kündigung zulässig ist, immer eine Einzelfallprüfung darstellen muss. Nur dies wird dem einzelnen Betroffenen und seinem individuellen Krankheitsbild gerecht.

Die personenbedingte Kündigung setzt keine Abmahnung voraus, da sie nicht an ein Verschulden des Arbeitnehmers anknüpft.

b) Negative Gesundheitsprognose

Bei der Prüfung einer krankheitsbedingten Kündigung ist also zunächst eine Prognose darüber abzugeben, wie sich der Gesundheitszustand des Arbeitnehmers entwickeln wird. Dabei ist vom Zustand im Zeitpunkt des Zugangs, nicht des Ausspruchs der Kündigung auszugehen. Entwicklungen, die nach dem Zugang der Kündigung eintreten und die Einfluss auf die weitere gesundheitliche Entwicklung haben, sind nicht zu berücksichtigen.[3]

Diese Auffassung ist insoweit problematisch, als sie z.B. auch die weitere positive Entwicklung des Gesundheitszustandes während der Dauer eines Kündigungsschutzverfahrens nicht berücksichtigt. Konkret bedeutet dies: Gesundet der gekündigte Beschäftigte während des Verfahrens vollständig und wird seine Leistungsfähigkeit vollständig wiederhergestellt, so darf das Gericht dies bei seiner Entscheidung nicht berücksichtigen. Es ist alleine darauf verwiesen zu überprüfen, ob die Prognose im Zeitpunkt des Zugangs der Kündigung unter Beachtung der zum damaligen Zeitpunkt gegeben tatsächlichen Verhältnisse zutreffend war. Stellt sich heraus, dass sie objektiv falsch war, muss dies nach der herrschenden Rechtsprechung unberücksichtigt bleiben. Dass dies ein unbefriedigender Zustand ist, liegt auf der Hand, nimmt er doch dem Arbeitgeber das Prognoserisiko fast völlig ab. Das zur Begründung angeführte Argument, dass weder Arbeitgeber noch Arbeitnehmer im Zeitpunkt des Zugangs der Kündigung einigermaßen sicher beurteilen

---

3 BAG vom 6.9.1989 – 2 AZR 224/89, NZA 1990, 434.

könnten, ob die Kündigung rechtmäßig ist, wenn auf den Gesundheitszustand im Zeitpunkt der letzten mündlichen Verhandlung abgestellt wird, vermag nicht zu überzeugen.[4]

Von einer negativen Gesundheitsprognose kann jedoch nicht mehr ausgegangen werden, wenn der Arbeitnehmer zum Zeitpunkt des Zugangs der Kündigung bereits wieder gesundet ist oder zumindest eine Besserung seines Leidens eingetreten und er wieder arbeitsfähig ist. Dies gilt auch dann, wenn bei einer länger dauernden Erkrankung die Krankheit nach Zugang der Kündigung voraussichtlich nicht mehr lange andauern wird.[5] Dies ergibt sich daraus, dass es bei der Prognoseentscheidung nicht in erster Linie darauf ankommt, wie lange die Krankheit schon **angedauert hat**, sondern wie lange sie noch **andauern wird**.

Eine nachträgliche Korrektur der Prognose ist damit unzulässig, auch neue Lebenssachverhalte oder tatsächliche Änderungen lassen keine Änderung der Prognose zu. Dies gilt umfassend. Darunter soll auch fallen, wenn sich der Arbeitnehmer z. B. erst nach Ausspruch der Kündigung zu einer Behandlung entschließt oder er seinen Lebenswandel ändert und sich dies positiv auf seine gesundheitliche Prognose auswirkt.[6] Dies gilt auch für eine später eingetretene neue Krankheit, die die Prognose bestätigt. Diese erneute Erkrankung darf ebenfalls nicht berücksichtigt werden.[7] In dem vom *BAG* entschiedenen Fall wurde einer Beschäftigten, die nach einem Fahrradunfall erkrankt war, gekündigt. Im Zeitpunkt der Kündigung war unklar, ob und wann mit einer Genesung gerechnet werden konnte, es stand aber noch nicht fest, dass eine Gesundung nicht mehr eintreten werde. Tatsächlich wurde die Beschäftigte später verrentet. Auf diese Verrentung hat sich der Arbeitgeber berufen und ausgeführt, dass sich durch den Eintritt des Rentenfalls zeige, dass seine Prognose, dass keine Gesundung mehr eintreten werde, sich bestätigt habe. Das *BAG* ist dem nicht gefolgt. Es komme allein auf die Prognosemöglichkeit im Kündigungszeitpunkt an. Nachträgliche Entwicklungen dürften nicht berücksichtigt werden. Dies gelte auch bei einer Entwicklung zugunsten des Beschäftigten. Auch hier sei die Kündigung wirksam, jedoch bestehe ein Wiedereinstellungsanspruch.

Bei der Erstellung der Prognose kommen Arbeitgeber nicht selten auf die Arbeitnehmer zu und verlangen Auskunft darüber, wie lange denn die Arbeits-

---

4 Vgl. Kittner, Anmerkung zu EzA § 1 KSchG Krankheit Nr. 27.
5 Lepke, S. 138 f.
6 ErfK-Ascheid, § 1 KSchG Rn. 217.
7 BAG 29. 4. 1999 – 2 AZR 431/98, EzA § 1 KSchG Krankheit Nr. 46.

unfähigkeit noch andauere, oder sie drängen darauf, ein ärztliches Attest über den vermuteten Krankheitsverlauf vorzulegen. Manche Arbeitgeber verlangen sogar die Befreiung der behandelnden Ärzte von der ärztlichen Schweigepflicht.

Zu keiner dieser Angaben ist der Arbeitnehmer vorprozessual verpflichtet und es ist auch, bis auf die Fälle, in denen unzweifelhaft mit einer in allernächster Zeit eintretenden Gesundung zu rechnen ist, davon abzuraten, diese Auskünfte zu erteilen. Hierzu besteht keine rechtliche Verpflichtung des Arbeitnehmers,[8] ihm können aus der Auskunftsverweigerung keine Nachteile entstehen. Es ist nicht notwendig, dass der Arbeitnehmer dem Arbeitgeber die Prognose erleichtert und ihm das Prozessrisiko abnimmt.[9]

Es gibt auch keine Verpflichtung des Arbeitgebers, Ermittlungen darüber anzustellen, an welcher Krankheit der Arbeitnehmer leidet, wie lange die Krankheit noch andauern und ob in Zukunft mit weiteren Erkrankungen zu rechnen sein wird. Allerdings besteht nach § 275 Abs. 1 Nr. 3 b SGB V i.V.m. § 62 SGB I eine Verpflichtung des Arbeitnehmers, sich vom Amtsarzt untersuchen zu lassen. Liegt ein amtsärztliches Gutachten vor und geht dieses von weiteren Erkrankungen aus, so liegt eine negative Prognose vor.

Kennt der Arbeitgeber die Ursache der Krankheit nicht, so genügt es, dass er sich auf die bisherigen Fehlzeiten beruft und behauptet, dass sich dies auch zukünftig nicht ändern werde.[10]

Achtung:
Wichtig ist in diesem Zusammenhang noch der Hinweis auf § 69 Abs. 4 SGB X. Nach dieser Vorschrift ist es den Krankenkassen erlaubt, dem Arbeitgeber mitzuteilen, ob die Arbeitsunfähigkeit auf einer neuen Erkrankung beruht oder ob es sich um die Fortdauer der bisherigen Erkrankung handelt. Angaben über die Art der Erkrankung oder diagnostische Einzelheiten dürfen jedoch nicht übermittelt werden.

c) Erhebliche Beeinträchtigung der betrieblichen Interessen

Bestandteil des Kündigungsgrundes ist, dass sich die Folgen der Erkrankung (Fehlzeiten) in erheblichem Maß auf die betrieblichen Interessen auswirken. Dies kann zum einen in der Störung des betrieblichen Ablaufes liegen und zum anderen in der wirtschaftlichen Belastung, die durch die Fehlzeiten hervorgerufen wird. Aus dem Ultima-ratio-Prinzip ergibt sich, dass die Beeinträchtigung der betrieblichen Interessen nur dann Kündigungsgrund

---

8 ErfK-Ascheid, § 1 KSchG Rn. 214.
9 Lepke, S. 148.
10 ErfK-Ascheid, § 1 KSchG Rn. 221.

sein kann, wenn sie nicht durch andere Maßnahmen vermieden werden kann.[11]

Auf die Einzelheiten der jeweiligen Beeinträchtigung der betrieblichen Interessen und deren jeweilige konkrete Berücksichtigung soll bei den einzelnen Kündigungsgründen genauer eingegangen werden.

d) Interessenabwägung

In der letzten Prüfungsstufe, der Interessenabwägung, muss zwischen der Zumutbarkeit der wirtschaftlichen Belastung des Arbeitgebers und den Belastungen des Arbeitnehmers durch die Kündigung abgewogen werden. Aus der Verpflichtung zur Interessenabwägung ergibt sich noch einmal deutlich, dass es einer genauen Einzelfallprüfung bedarf, um festzustellen, ob die konkrete Kündigung Bestand haben kann oder nicht. In die Interessenabwägung sind vor allem die folgenden Gesichtspunkte mit einzubeziehen:

◆ **Dauer des Arbeitsverhältnisses:** Dauert das Arbeitsverhältnis bereits längere Zeit an, so ist dies nach ganz einhelliger Meinung in der Interessenabwägung an hervorgehobener Stelle zu berücksichtigen. Wer länger in einem Betrieb beschäftigt ist und sich in dieser Arbeit verbraucht hat, ist schutzwürdiger als jemand, der nur kurze Zeit beschäftigt ist.

◆ **Belastungen des Arbeitgebers:** Wie oben bereits ausgeführt, spielt auf Seiten des Arbeitgebers die durch die krankheitsbedingten Fehlzeiten hervorgerufene wirtschaftliche Belastung eine Hauptrolle. Bedeutung haben dabei nicht nur die reinen Kosten, sondern es sind auch organisatorische Störungen und deren Folgen mit einzubeziehen, z.B. Personalreserve, Überbrückungsmaßnahmen.

◆ **Betriebsunfall:** Liegt der Krankheit, derentwegen die Kündigung ausgesprochen wurde, ein Betriebsunfall zugrunde, so ist dies in der Interessenabwägung besonders zu berücksichtigen. Dies gilt auch im Hinblick auf den Kündigungsgrund der häufigeren Fehlzeiten. Die darin enthaltenen Fehlzeiten aufgrund des Arbeitsunfalls sind in geringerem Umfang zu berücksichtigen. Ein völliger Ausschluss der Kündigung wegen Krankheit infolge eines Arbeitsunfalls besteht jedoch nicht.

◆ **Verschulden oder gar Vorsatz des Arbeitnehmers bei der Herbeiführung der Erkrankung:** Dabei ist ein Verhalten zulasten des Arbeitnehmers, wel-

---

11 Kittner/Däubler/Zwanziger, KSchR, § 1 KSchG Rn. 80.

cher sich z. B. während einer Arbeitsunfähigkeit nicht schont, zu berücksichtigen.

◆ **Verschulden des Arbeitgebers:** Bei der Interessenabwägung ist gegen die Wirksamkeit der Kündigung zu berücksichtigen, ob die Krankheit durch die Arbeitsbedingungen ausgelöst wurde. In aller Regel ist eine krankheitsbedingte Kündigung dann sozial ungerechtfertigt, wenn die gesundheitliche Beeinträchtigung des Arbeitnehmers durch schuldhaftes Unterlassen des Arbeitgebers herbeigeführt worden ist.[12] Das *BAG*[13] hat in diesem Zusammenhang entschieden, dass der Arbeitgeber die Darlegungs- und Beweislast dafür trägt, dass der vom Arbeitnehmer behauptete Zusammenhang zwischen betrieblichen Gegebenheiten und Krankheit nicht besteht. Ein Verschulden des Arbeitgebers dürfte auch immer dann vorliegen, wenn der Arbeitnehmer entgegen gesetzlicher Verbote oder ärztlicher Weisungen mit bestimmten Arbeiten beschäftigt wird und er dadurch erkrankt.

Zu berücksichtigen ist auch, wenn es bei Arbeitnehmern, die eine vergleichbare Tätigkeit unter ähnlichen Arbeitsbedingungen verrichten, ebenfalls zu höheren Fehlzeiten kommt. Dann kann nur eine über diesem höheren Durchschnitt liegende krankheitsbedingte Fehlzeit eine Kündigung rechtfertigen, da davon auszugehen ist, dass hier die Arbeitsbedingungen die Ursache für bereits erhöhte Fehlzeiten sind, diese also quasi »normal« für die herrschenden Arbeitsbedingungen sind.[14] Das *BAG* hat entschieden, dass auffallend hohe Fehlzeiten in einem Arbeitsbereich gegen die Zulässigkeit der Kündigung einzelner Arbeitnehmer sprechen.[15] Es sei auf die durchschnittliche Fehlzeit von Mitarbeitern auf vergleichbaren Arbeitsplätzen abzustellen. Nur dadurch könne ausgeschlossen werden, dass Arbeitnehmer benachteiligt würden, weil sie im Interesse des Arbeitgebers mit Arbeiten beschäftigt werden, die jedenfalls im Vergleich zu anderen Tätigkeiten generell gesundheitsgefährdender seien.

◆ **Unterhaltspflichten:** Unterhaltspflichten gegenüber Ehegatten und Kindern sind auch bei krankheitsbedingten Kündigungen zugunsten des Arbeitnehmers mit zu berücksichtigen.[16] Das *BAG* hat in einem neuen Urteil noch einmal ausdrücklich darauf hingewiesen, dass die Unterhaltszahlun-

---

12 Lepke, S. 193.
13 BAG vom 5. 7. 1990 – 2 AZR 154/90, NZA 1991, 185, 187.
14 ErfK-Ascheid, § 1 KSchG Rn. 256; Kittner/Däubler/Zwanziger, KSchR, § 1 KSchG, Rn. 94.
15 BAG vom 10. 5. 1990 – 2 AZR 580/89, EzA § 1 KSchG Krankheit Nr. 31.
16 Kittner/Däubler/Zwanziger, KSchR, § 1 KSchG Rn. 94.

gen im Rahmen der Interessenabwägung grundsätzlich zu berücksichtigen seien, da sie das Gewicht des Interesses des Arbeitnehmers an der Erhaltung seines Arbeitsplatzes beeinflussen. Dies gilt auch für krankheitsbedingte Kündigungen. Je mehr Unterhaltspflichten den Arbeitnehmer treffen, um so höher ist seine soziale Schutzbedürftigkeit. Dies gilt gerade auch bei einer krankheitsbedingten Kündigung, die der Arbeitgeber, ohne dass weitere Betriebsablaufstörungen vorgetragen sind, alleine auf bisher aufgelaufene und in Zukunft zu erwartende Entgeltfortzahlungskosten stützt. Bei der Prüfung, welches Maß an Entgeltfortzahlungskosten der Arbeitgeber billigerweise noch hinzunehmen hat, darf nicht völlig unberücksichtigt bleiben, wie vielen Personen diese Entgeltfortzahlung zum Unterhalt dient.[17]

Vorstehendes wird zukünftig auch bei Unterhaltspflichten aus einer gleichgeschlechtlichen eingetragenen Partnerschaft gelten, soweit sich hieraus Unterhaltspflichten ergeben.

◆ **Behinderung:** In der soeben zitierten Entscheidung[18] hat das *BAG* auch ausdrücklich klargestellt, dass eine Schwerbehinderung bei der Interessenabwägung im Rahmen der Prüfung einer krankheitsbedingten Kündigung stets zu berücksichtigen ist. Dies folgt aus der besonderen Schutzwürdigkeit des Schwerbehinderten, die es im Rahmen der Interessenabwägung gegen die Interessen des Arbeitgebers abzuwägen gilt. Der durch Art. 3 Abs. 3 Satz 2 GG sogar verfassungsrechtlich gebotene Schutz des Schwerbehinderten lässt sich in den zahlreichen Fällen, in denen ein Sonderkündigungsschutz nach §§ 15 ff. SchwbG nicht eingreift (z. B. verspätete Mitteilung der Schwerbehinderteneigenschaft), anders gar nicht verwirklichen.[19] Dies gilt ausdrücklich auch dann, wenn die Hauptfürsorgestelle der Kündigung bereits zugestimmt hat. Dies entbindet das Gericht nicht, trotzdem eine eigene Prüfung vorzunehmen und ggf. auch zu einer anderen Entscheidung als die Hauptfürsorgestelle zu kommen. Die Interessenabwägung kann dann unter Einbeziehung der nach § 1 Abs. 2 KSchG zu berücksichtigenden Interessen, die nicht unbedingt mit den von der Hauptfürsorgestelle berücksichtigten Interessen identisch sein müssen, so ausgewogen sein, dass die Schwerbehinderteneigenschaft des Arbeitnehmers den Ausschlag gibt.[20]

---

17 BAG vom 20.1.2000 – 2 AZR 378/99, NZA 2000, 768.
18 Ebenda.
19 Ebenda.
20 Ebenda.

◆ **Bemühungen um berufsfördernde Leistungen:** Weiter ist zu berücksichtigen, ob sich der Arbeitgeber nach § 17 SGB VI um berufsfördernde Leistungen bemüht hat. Dies kommt insbesondere im Hinblick auf eine stufenweise Eingliederung nach § 74 SGB V in Betracht.[21] Nach dieser Vorschrift kann der Arbeitnehmer ausprobieren, inwieweit er in der Lage ist, zumindest teilweise seiner bisherigen Tätigkeit wieder nachzugehen. Dazu muss der behandelnde Arzt auf der Arbeitsunfähigkeitsbescheinigung angeben, in welchem Umfang und welche Tätigkeiten der Beschäftigte unter Berücksichtigung seiner Erkrankung wieder ausüben kann. Voraussetzung ist, dass medizinische Gründe einer solchen Beschäftigung nicht entgegenstehen und der Kranke selbst diese Möglichkeit ergreifen will. Dem Kranken bleibt es also selbst überlassen, ob er von dieser Möglichkeit Gebrauch macht.[22] Der Arbeitgeber kann den Arbeitnehmer nicht auffordern, diese Versuche zu unternehmen. Eine stufenweise Wiedereingliederung nach § 74 SGB V ist jedoch nur mit Zustimmung des Arbeitgebers möglich. Zur Erteilung dieser Zustimmung ist der Arbeitgeber allerdings nicht verpflichtet. Stimmt er nicht zu, so kann dies im Rahmen der Interessenabwägung zu seinen Lasten berücksichtigt werden.

Klarzustellen ist, dass der Beschäftigte während solcher Eingliederungsversuche nach § 74 SGB V versicherungsrechtlich weiterhin arbeitsunfähig ist. In diesem Rahmen erzieltes Arbeitsentgelt wird auf die Krankengeldzahlung angerechnet. Die Darlegungslast, dass er sich um solche Leistungen bemüht hat, trifft den Arbeitgeber.[23]

◆ **Möglichkeiten eines anderen betrieblichen Einsatzes:** Dem Arbeitgeber ist es untersagt, eine krankheitsbedingte Kündigung auszusprechen, soweit der Arbeitnehmer auf Dauer unfähig ist, die geschuldete Arbeit auf seinem bisherigen Arbeitsplatz zu erbringen, jedoch auf einem leidensgerechten Arbeitsplatz im Betrieb oder Unternehmen weiterbeschäftigt werden könnte und sich der Arbeitnehmer darauf beruft.[24] Das *BAG* hat in der angeführten Entscheidung auch festgestellt, dass, sofern kein leidensgerechter Arbeitsplatz frei ist, der Arbeitgeber sich nicht damit zufrieden geben darf. Er ist vielmehr verpflichtet, eine Umorganisation hinsichtlich des Personaleinsatzes vorzunehmen, wenn er z.B. durch Versetzungen im Rahmen seines Di-

---

21 Kittner/Däubler/Zwanziger, KSchR, § 1 KSchG Rn. 83a.
22 Kasseler Kommentar-Hess, § 74 SGB V Rn. 3.
23 Kittner/Däubler/Zwanziger, KSchR, § 1 KSchG Rn. 83a.
24 BAG vom 29.1.1997 – 2 AZR 9/96, NZA 1997, 709 ff.

rektionsrechtes einen leidensgerechten Arbeitsplatz schaffen kann. Er muss sich auch bemühen, die Zustimmung des Betriebsrates, soweit sie erforderlich ist, zu diesen Maßnahmen zu erlangen.[25] Der Beschäftigte war im Stahlbau eingesetzt und erkrankte an Asthma. Diese Erkrankung schloss nach den ärztlichen Feststellungen eine Beschäftigung an seinem bisherigen Arbeitsplatz aus. Auch nach einer Versetzung auf einen leidensgerechten Arbeitsplatz erkrankte er erneut. Das *LAG* hat die Kündigung aufgehoben und darauf verwiesen, dass der Arbeitgeber den Personaleinsatz so organisieren müsse, dass ein noch vertragsgerechter Einsatz unter Berücksichtigung der Erkrankung des Beschäftigten möglich sei.

Das *BAG* stimmte dem soweit zu, dass der Arbeitgeber sich nicht damit begnügen kann, darauf zu verweisen, dass kein freier Arbeitsplatz vorhanden sei. Eine Umorganisation hinsichtlich des Personaleinsatzes ist als gegenüber der krankheitsbedingten Kündigung mildere Maßnahme dann geboten, wenn der Arbeitgeber einen leidensgerechten Arbeitsplatz durch Wahrnehmung seines Direktionsrechtes freimachen kann, weil er sich gegenüber dem bisherigen Arbeitsplatzinhaber im Rahmen der vertraglichen Abmachungen hält. Er muss sich dann auch um die Zustimmung des Betriebsrates bemühen. Verweigert der Betriebsrat jedoch seine Zustimmung, so muss der Arbeitgeber in der Regel kein Beschlussverfahren gegen den Betriebsrat führen.

Die Verpflichtung zur Umorganisation geht auch nicht soweit, als dass der Arbeitgeber einem anderen Arbeitnehmer kündigen muss, um einen leidensgerechten Arbeitsplatz freizubekommen.

◆ **Lebensalter:** Das Lebensalter des Beschäftigten ist in der Interessenabwägung zu berücksichtigen.[26] Es liegt auf der Hand, dass ältere Arbeitnehmer schutzwürdiger sind als jüngere. Zu berücksichtigen ist dabei auch, dass gerade ältere Arbeitnehmer, die wegen Krankheit gekündigt werden, auf dem Arbeitsmarkt geringe Chancen haben.

◆ **Chancen auf dem Arbeitsmarkt:** Schwierigkeiten kurzfristig auf dem Arbeitsmarkt wieder eine Beschäftigung zu finden, sind auf Seiten des Arbeitnehmers, d.h. zu seinen Gunsten, mit in die Interessenabwägung einzubeziehen.[27]

---

25 BAG vom 29.1.1997, a.a.O.
26 BAG vom 26.9.1991 – 2 AZR 132/91, NZA 1992, 1073, 1076.
27 BAG vom 12.12.1996 – 2 AZR 7/96, EzA § 1 KSchG Krankheit Nr. 1; Kittner/Däubler/Zwanziger, KSchR, § 1 KSchG Rn. 94.

◆ **Kenntnis des Arbeitgebers von chronischen Erkrankungen:** Ist dem Arbeitgeber bei der Einstellung eine chronische Erkrankung bekannt, hat er längere, darauf beruhende Fehlzeiten hinzunehmen, als dies bei vom Alter her vergleichbaren Arbeitnehmern der Fall ist.[28]

2. Kündigung wegen dauernder Leistungsunfähigkeit

Der rechtlich unkomplizierteste Fall, wenn auch für die Betroffenen nicht minder schmerzlich, ist der Fall, dass feststeht, dass der Beschäftigte aufgrund einer Krankheit auf Dauer nicht mehr in der Lage ist, die geschuldete Arbeitsleistung zu erbringen. Dies kann zum einen durch eine körperliche, aber auch durch eine psychische Erkrankung bedingt sein.

Wird in einem Rentenverfahren eine volle Erwerbsminderung nach § 43 SGB VI festgestellt, so dürfte in der Regel eine dauernde Leistungsunfähigkeit vorliegen.[29] Dies muss jedoch nicht immer gelten. Das *BAG* hat in einem Urteil[30] festgestellt, dass auch dann, wenn eine Erwerbsunfähigkeit, der nach der Neuregelung die volle Erwerbsminderung entsprechen dürfte, festgestellt wurde, trotzdem als Voraussetzung für eine krankheitsbedingte Kündigung eine Prognose hinsichtlich des konkreten Arbeitsplatzes angestellt werden muss. Dies gilt um so mehr, als die Rente wegen Erwerbsminderung regelmäßig nur befristet gewährt wird, um bei Fristablauf prüfen zu können, ob immer noch eine Erwerbsminderung vorliegt.

Auch wenn der Arbeitnehmer dauerhaft unfähig ist, die Arbeitsleistung auf dem konkreten Arbeitsplatz zu erbringen, muss der Arbeitgeber, bevor er eine Kündigung ausspricht, immer prüfen, ob nicht der Einsatz auf einem anderen, leidensgerechteren Arbeitsplatz möglich ist (siehe Seite 30 f.).

Von einer dauernden Leistungsunfähigkeit ist auch dann auszugehen, wenn im Zeitpunkt des Zugangs der Kündigung zwar nicht feststeht, dass eine dauernde Leistungsunfähigkeit vorliegt, jedoch auch die Genesung und die Wiedererlangung der Arbeitsfähigkeit noch völlig unklar sind und die Krankheit bereits lange Zeit angedauert hat. Welche Zeiträume hier anzunehmen sind, lässt sich nicht allgemein sagen, es kommt auch hier auf den Einzelfall an.

Lepke[31] hat einige Beispiele aus der Rechtsprechung zusammengestellt. Er geht davon aus, dass eine Kündigung gerechtfertigt sein kann, wenn nicht

---

28 Kittner/Däubler/Zwanziger, KSchR, § 1 KSchG Rn. 94.
29 ErfK-Ascheid, § 1 KSchG Rn. 227.
30 BAG vom 14.5.1986 – 8 AZR 604/84, EzA § 7 BUrlG Nr. 45; NZA 1986, 834; DB 1986, 2685.
31 Lepke, S. 160 f.

damit gerechnet werden kann, dass die Arbeitsfähigkeit in einer Frist von 24 Monaten wiederhergestellt ist. Aber auch hier gilt: Alle Zeiträume, die hier angegeben werden, sind nicht schematisch auf alle Fälle anzuwenden. Es kommt immer auf den Einzelfall an. Im Einzelfall können durchaus längere Zeiträume notwendig sein, jedoch auch kürzere Zeiträume genügen. So hat das *LAG Berlin*[32] die Kündigung gegenüber einem Beschäftigten bestätigt, der nach vorherigen krankheitsbedingten Fehlzeiten ab April 1994 krank war, dessen Gesundung nicht absehbar war und dem zum 13. 11. 1997 fristgemäß gekündigt wurde.

Die Rechtsprechung bejaht in solchen Fällen über das Recht zur personenbedingten fristgemäßen Kündigung hinaus auch ein Recht zur fristlosen Kündigung mit sozialer Auslauffrist bei denjenigen Beschäftigten, die entweder tarifvertraglich oder individualarbeitsrechtlich unkündbar sind.[33] In dem im Jahr 1992 entschiedenen Fall ging es um einen Bahnarbeiter, der tarifvertraglich unkündbar war, ihm konnte nur noch aus wichtigem Grund gekündigt werden.

Der Bahnarbeiter erkrankte und fehlte 1985 in neun Fällen an 105 Tagen, 1986 in acht Fällen an 57 Tagen, 1987 in zwei Fällen an 40 Tagen, 1988 in drei Fällen an 128 Tagen, 1989 in fünf Fällen an 90 Tagen und 1990 in zwei Fällen an 276 Tagen. Eine Untersuchung beim Bahnarzt zeigte, dass aufgrund des Gesundheitszustandes des Arbeiters auch zukünftig mit vermehrten krankheitsbedingten Ausfallzeiten gerechnet werden musste. Daraufhin kündigte die Arbeitgeberin fristlos mit einer sozialen Auslauffrist. Der Arbeiter machte geltend, dass er unkündbar sei und die Krankheit keinen wichtigen Grund im Sinne des Tarifvertrages für eine Kündigung darstelle.

Das *BAG* sah dies anders und wies die Kündigungsschutzklage ab. Zwar stelle eine Krankheit grundsätzlich keinen wichtigen Grund i.S. des § 626 BGB, also für eine fristlose Kündigung, dar. Das *BAG* geht aber davon aus, dass auch die krankheitsbedingte Unfähigkeit, die Arbeit fortzusetzen, als wichtiger Grund für eine außerordentliche Kündigung dann nicht ausgeschlossen sei, wenn sie dem Kündigenden die Fortsetzung des Arbeitsverhältnisses unzumutbar mache. Hierbei seien die Grundsätze zur Prüfung einer krankheitsbedingten Kündigung, die für eine ordentliche Kündigung entwickelt wurden, auch bei einer außerordentlichen Kündigung anzuwenden. Dies schließe in eng zu begrenzenden Ausnahmefällen jedoch nicht aus, dass dem Arbeitgeber die Fortsetzung des Arbeitsverhältnisses unzumutbar sein könne. Da eine fristgemäße

---

32 LAG Berlin vom 3. 11. 1997 – 9 Sa 67/97, LAGE Nr. 27 zu § 1 KSchG Krankheit.
33 BAG vom 25. 11. 1982 – 2 AZR 140/81, EzA § 1 KSchG Krankheit Nr. 10; vom 9. 9. 1992 – 2 AZR 190/92, NZA 1993, 598.

Kündigung aufgrund der Unkündbarkeit nicht mehr möglich sei, sei eine fristlose Kündigung mit sozialer Auslauffrist zulässig. Die soziale Auslauffrist muss jedoch mindestens so lange sein wie die längste ordentliche Kündigungsfrist, die nach dem anzuwendenden Tarifvertrag oder nach § 622 BGB in Betracht kommt.

In einem weiteren Urteil[34] hat das *BAG* allerdings noch einmal darauf verwiesen, dass eine Krankheit grundsätzlich keinen wichtigen Grund für eine fristlose Kündigung darstelle. Das Gericht führt in diesem Fall aus, dass die krankheitsbedingte Minderung der Leistungsfähigkeit des Arbeitnehmers noch nicht bedeute, dass diese an sich geeignet sei, einen wichtigen Grund für eine außerordentliche Kündigung darzustellen. Gerade im Fall der tariflichen Unkündbarkeit, die der Alterssicherung des betroffenen Arbeitnehmers diene, sei es dem Arbeitgeber – so das *BAG* – zuzumuten, einen krankheitsbedingten Leistungsabfall des Arbeitnehmers durch andere Maßnahmen auszugleichen. Der Arbeitgeber sei verpflichtet, da eine Kündigung immer nur das letzte Mittel darstellen dürfe, zu prüfen, ob nicht dem Problem durch organisatorische Maßnahmen (z.B. Änderung des Arbeitsablaufes, Umgestaltung des Arbeitsplatzes, Umverteilung der Aufgaben) begegnet werden könne.

3. Kündigung wegen krankheitsbedingter Minderung der Leistungsfähigkeit

Ist der Arbeitnehmer aufgrund einer Erkrankung oder deren Folgen zwar noch in der Lage, die geschuldete Leistung an seinem Arbeitsplatz teilweise, jedoch nicht mehr im gleichen Umfang wie vor der Erkrankung zu erbringen, so kann auch diese Leistungsminderung einen personenbedingten Kündigungsgrund darstellen. Das *BAG*[35] hat entschieden, dass auch die krankheitsbedingte Minderung der Leistungsfähigkeit des Arbeitnehmers einen in der Person des Arbeitnehmers liegenden Grund zur sozialen Rechtfertigung einer ordentlichen Kündigung darstellen könne.

Grundsätzlich ist für die Prüfung einer Kündigung, die auf eine krankheitsbedingte Leistungsminderung gestützt wird, das gleiche **Drei-Stufen-Schema** anzuwenden wie bei jeder anderen krankheitsbedingten Kündigung.

Zunächst ist aber festzustellen, ob überhaupt eine Leistungsminderung vorliegt. Eine Leistungsminderung kann immer nur im Vergleich mit einer »Nor-

---

34 BAG vom 12.7.1995 – 2 AZR 762/94, NZA 1995, 1100.
35 BAG vom 26.9.1991 – 2 AZR 132/91, NZA 1992, 1073.

malleistung« festgestellt werden. Deshalb ist entscheidend, welche »Normalleistung« zugrunde gelegt wird.

Abzustellen ist dabei nicht auf die »Normalleistung«, die sich der Arbeitgeber wünscht oder vorstellt. Es ist auf die vom betroffenen Arbeitnehmer geschuldete, sich aus seinem Arbeitsvertrag ergebende Leistungspflicht abzustellen und diese mit der Leistung zu vergleichen, die der Arbeitnehmer noch erbringen kann. Nur wenn sich daraus Unterschiede ergeben, kann von einer Minderleistung gesprochen werden. Der Arbeitnehmer schuldet in seinem Arbeitsverhältnis nur eine individuelle Normalleistung,[36] die er dann erbringt, wenn er unter angemessener Anspannung seiner geistigen und körperlichen Kräfte das ihm Mögliche leistet.[37] Vergleichsmaßstab kann in der Praxis damit immer nur die vor der Erkrankung erbrachte Leistung des Arbeitnehmers sein, nie die in der Vorstellung des Arbeitgebers optimalste Leistung. Letztere schuldet der Arbeitnehmer nicht.

Nur wenn sich aus diesem individuellen Vergleich keine Erkenntnisse gewinnen lassen, ist ein Vergleich mit dem Leistungsniveau von vergleichbaren Beschäftigten möglich. Dabei gewinnen Leistungsminderungen erst dann kündigungsschutzrechtliche Relevanz, wenn sie sich signifikant vom Leistungsniveau zwar unter dem Durchschnitt liegender, aber noch hinreichend leistungsbereiter Mitarbeiter abheben.[38] Vergleichsmaßstab ist damit auch in diesem Fall nicht ein optimaler oder durchschnittlicher Arbeitnehmer.

Dass die Entscheidung, ob überhaupt eine Minderung der Leistungsfähigkeit vorliegt, nach den oben genannten Kriterien nicht leicht zu treffen ist, liegt auf der Hand. Klar ist, dass nicht jede – auch noch so geringfügige – Leistungsminderung eine Kündigung rechfertigen kann. Die Leistungsminderung muss vielmehr erheblich sein.

Kittner[39] geht unter Berufung auf die arbeitsgerichtliche Praxis davon aus, dass dies dann der Fall ist, wenn über einen Zeitraum von vier Jahren nur etwa 75 % der erforderlichen Leistung erbracht werden. Das *BAG* hat in einer Entscheidung[40] eine Arbeitsleistung von $^2/_3$ der Normalleistung als erhebliche Beeinträchtigung der Leistungsfähigkeit erachtet.

Die so festgestellte Minderung der Leistungsfähigkeit muss dauerhaft sein, eine vorübergehende Leistungsminderung reicht als Kündigungsgrund nicht

---

36 ErfK-Ascheid, § 1 KSchG Rn. 279.
37 Lepke, S. 177.
38 Kittner/Däubler/Zwanziger, KSchR, § 1 KSchG Rn. 143 m.w.N.
39 Kittner/Däubler/Zwanziger, KSchR, § 1 KSchG Rn. 67 m.w.N.
40 BAG vom 26. 9. 1991 – 2 AZR 132/91, NZA 1992, 1073, 1076.

aus.[41] Ist eine Beendigung der Leistungsminderung in Sicht und kann dies ggf. auch belegt werden, z.B. durch ärztliche Atteste, rechtfertigt die noch vorliegende, aber vorübergehende Minderung der Leistungsfähigkeit keine Kündigung.

Gleiches gilt für das Argument, dass eine weitere Beschäftigung des Arbeitnehmers dessen Gesundheitszustand weiter verschlechtern werde. Auch wenn dies zutreffen sollte, ist damit keine fürsorgliche Kündigung sozial zu rechtfertigen.[42]

Der vorliegenden Leistungsminderung kommt eine Indizwirkung dafür zu, dass sie auch in der Zukunft bestehen werde; sie erfüllt damit die Voraussetzungen für eine negative Prognose. Diese Indizwirkung kann durch den Arbeitnehmer erschüttert werden. Insoweit gelten die Ausführungen auf Seite 42.

In der zweiten Prüfungsstufe muss auch im Fall der krankheitbedingten Leistungsminderung geprüft werden, ob die Minderung der Leistungsfähigkeit zu erheblichen betrieblichen Beeinträchtigungen führt, damit die Kündigung gerechtfertigt sein kann.

Als erhebliche betriebliche Beeinträchtigung kommt vor allem die wirtschaftliche Belastung durch die Lohnzahlung, der keine gleichwertige Arbeitsleistung mehr gegenübersteht, in Betracht. Daraus, dass es sich um eine erhebliche Belastung handeln muss, ergibt sich, dass nicht jede Minderung Berücksichtigung finden kann. Es sei noch einmal auf die Entscheidung des *BAG* vom 26.9.1991[43] verwiesen, in der das Gericht eine erhebliche Beeinträchtigung erst bei einer um $^1/_3$ geminderten Leistungsfähigkeit anerkannt hat.

Soll die Kündigung auf eine krankheitsbedingte Leistungsminderung gestützt werden, ist in besonderem Maße zu prüfen, ob nicht ein Einsatz auf einem anderen Arbeitsplatz erfolgen kann. Kann ein Arbeitnehmer aus gesundheitlichen Gründen einen Teil der vertraglich geschuldeten Arbeit nicht mehr leisten, so ist eine darauf gestützte Kündigung des Arbeitgebers im Allgemeinen nur dann sozial gerechtfertigt, wenn eine anderweitige Beschäftigung nicht möglich oder zumutbar ist.[44] Hier ist auch an das Freimachen eines geeigneten Arbeitsplatzes zu denken.[45]

Ebenso muss vor Ausspruch der Kündigung geprüft werden, ob eine Möglichkeit der Teilzeitbeschäftigung im Rahmen der Leistungsfähigkeit besteht.

---

41 KR-Etzel, § 1 KSchG Rn. 402.
42 BAG vom 12.7.1995 – 2 AZR 762/94, NZA 1995, 1100, 1102.
43 Siehe Fn. 40.
44 BAG vom 5.8.1976 – 3 AZR 110/75, DB 1976, 2307.
45 KR-Etzel, § 1 KSchG Rn. 404.

Dies gilt insbesondere dann, wenn der Arbeitnehmer zwar grundsätzlich noch leistungsfähig ist, er jedoch bestimmte Teilbereiche der geschuldeten Arbeit – z.B. wegen einer aufgetretenen Allergie – nicht mehr erbringen kann. Ist der Arbeitnehmer nicht mehr voll einsatzfähig, kann und will er aber noch Teilleistungen erbringen, so setzt die Wirksamkeit der Kündigung voraus, dass keine Beschäftigungsmöglichkeit in dem Teilbereich besteht, den der Arbeitnehmer sich vorstellt.[46]

Bei der auch hier durchzuführenden Interessenabwägung gibt es keine Besonderheiten, es kann auf die Ausführungen auf Seite 27 ff. verwiesen werden. Besonders zu beachten ist daneben aber, in welchem Umfang der bisherige Arbeitsplatz und die zu erbringende Leistung Einfluss auf die Leistungsminderung haben. Liegen hier negative Einflüsse vor, so ist dies zugunsten des Arbeitnehmers zu berücksichtigen.

4. Kündigung wegen häufiger Kurzerkrankungen

Ist ein Arbeitnehmer häufiger kurzzeitig erkrankt, kann auch dies der Ausgangspunkt für eine personenbedingte fristgemäße Kündigung sein. Auch hier gilt: Der Arbeitnehmer kann nicht allein wegen dieser – auch häufigen – kurzzeitigen Erkrankungen in der Vergangenheit gekündigt werden. Die häufigen Erkrankungen als solche stellen keinen Kündigungsgrund dar. Die Kündigung darf insoweit keine Bestrafung für die Erkrankung sein. Kündigungsgrund sind auch hier die prognostizierten Erkrankungen in der Zukunft und deren Auswirkungen für den Betrieb.

Kittner[47] hat die von der Rechtsprechung entwickelten Prüfungsschritte bei einer Kündigung wegen häufiger kurzzeitiger Erkrankungen wie folgt zusammengestellt:

1. Bisherige Erkrankungen können vom Arbeitgeber als Indiz für sich künftig wiederholende Erkrankungen herangezogen werden.
2. Danach liegt es am Arbeitnehmer, diese indizielle Wirkung zu entkräften, bzw. am Arbeitgeber, sie zu beweisen.
3. Anhand einer Prognose über die zukünftige gesundheitliche Entwicklung ist die Belastung des Arbeitgebers durch krankheitsbedingte Fehlzeiten festzustellen.
4. Es sind erhebliche Beeinträchtigungen der betrieblichen Interessen des Arbeitgebers festzustellen. Diese können insbesondere sein:

---

46 ErfK-Ascheid, § 1 KSchG Rn. 280.
47 Kittner/Däubler/Zwanziger, KSchR, § 1 KSchG Rn. 84.

- Störungen im Betriebsablauf oder
- wirtschaftliche Belastungen durch die Kosten der Entgeltfortzahlung und sonstige Kosten.
5. Es ist eine Interessenabwägung vorzunehmen:
   - Zunächst ist zu fragen, ob die betrieblichen Auswirkungen für den Arbeitgeber unzumutbar sind.
   - Dem sind die Gesichtspunkte gegenüberzustellen, die aus Sicht des Arbeitnehmers gegen die Kündigung sprechen.
6. Besondere Überlegungen sind bei einer arbeitsbedingten Erkrankung anzustellen.

a)   Häufige Kurzerkrankungen in der Vergangenheit

Zunächst ist es am Arbeitgeber darzulegen, dass der Arbeitnehmer in der Vergangenheit häufig krankheitsbedingt gefehlt hat und dass aus diesen Fehlzeiten darauf geschlossen werden kann, dass er auch zukünftig häufig krankheitsbedingt fehlen wird (Indizwirkung).

Damit ist zunächst einmal zu klären, was »häufige Kurzerkrankungen« sind. Häufige Kurzerkrankungen liegen dann vor, wenn sich krankheitsbedingte Fehlzeiten häufig wiederholen, ohne dass die Ausfallzeitpunkte im Voraus berechenbar wären. In die Fehlzeiten sind alle krankheitsbedingten Fehlzeiten, also auch eintägige Abwesenheiten, einzubeziehen.[48]

Da sich diese erste Prüfungsstufe darauf bezieht, dass der Arbeitgeber darlegt, dass auf Seiten des betroffenen Arbeitnehmers in der Vergangenheit häufige Fehlzeiten vorgelegen haben, sind drei Fragen zu klären:

◆ Wie lange darf oder muss in die Vergangenheit zurückgegangen werden?
◆ Welche Krankheiten aus der Vergangenheit dürfen in die Betrachtung miteinbezogen werden?
◆ Ab welchem Zeitraum liegen »häufige Kurzerkrankungen« vor?

Welcher vergangene Zeitraum in die Betrachtung mit einbezogen werden kann, kann von großer praktischer Bedeutung sein. Geht man weit zurück, so kann es passieren, dass auch lange zurückliegende Krankenzeiten das Bild verfälschen. Andererseits kann ein zu kurzer Zeitraum ebenfalls das Bild verfälschen, wenn in relativ kurzer Zeit mehrere Krankheiten aufgetreten sind. Das *BAG* hat in einer neueren Entscheidung[49] einen Zeitraum von 15 Monaten als

---

48 ErfK-Ascheid, § 1 KSchG Rn. 241.
49 BAG vom 19.5.1993 – RzK I 5 g Nr. 54.

angemessen angesehen. Verschiedene Autoren treten für einen kürzeren Zeitraum, z. B. ein Jahr[50] ein. Dies sei notwendig, um Krankheiten aus der Vergangenheit, die nicht mehr auftreten, auszuschließen. *Etzel*[51] meint dagegen, dass ein Zeitraum von mindestens zwei Jahren angemessen sei. Er verweist darauf, dass auch jeder noch so gesunde Arbeitnehmer in einem Jahr Pech haben und mehrfach krank werden kann, obwohl er in der Vergangenheit nie krank war. Weiter verweist er darauf, dass die vom *BAG* entschiedenen Fälle – bis auf die Entscheidung vom 19. 5. 1993 – von einem Zeitraum von vier Jahren ausgingen.[52] Welcher Auffassung man sich anschließt, kann durchaus einzelfallabhängig entschieden werden. Für jede Position lassen sich gute Argumente finden.

Danach ist zu prüfen, welche Krankheiten aus der Vergangenheit in die Betrachtung miteinbezogen werden dürfen. Aus dieser Formulierung ergibt sich schon, dass nicht alle in der Vergangenheit aufgetretenen Krankheiten relevant sind. Die vom Arbeitgeber angeführten Krankheiten müssen Indizcharakter für zukünftige mögliche Erkrankungen haben.

Vor diesem Hintergrund sind Krankheiten, die auf einmaligen Ursachen beruhen, zur Fehlzeitenprognose ungeeignet und können nicht herangezogen werden.[53]

Beispiele:
Das *BAG* hat die folgenden Erkrankungen, da sie auf einmaligen Krankheitsursachen beruhen, nicht berücksichtigt: Thoraxprellung mit Rückenfraktur, Speichenbruch, Fremdkörper im Auge, Kreislaufstörungen, Kontaktdermatitis und Rückenaffektionen, Magen-Darm-Erkrankungen und einen »Hexenschuss«.

Sind häufige Erkrankungen auf eine Verkettung unglücklicher Umstände, z. B. Sportunfall, Verkehrsunfall oder auf eine durch eine durchgeführte Operation behobene Erkrankung, zurückzuführen, so dürfen diese Einzelerkrankungen ebenfalls nicht berücksichtigt werden.[54] Zu Recht verweist *Ascheid* hier darauf, dass ohne besondere Umstände nicht angenommen werden könne, dass sich jemand mehrmals jährlich die Hand bricht oder dass er in regelmäßigen Abständen in Unfälle mit Körperschäden verwickelt wird.

Anders kann es allerdings aussehen, wenn jemand häufig in gleichartige Unfälle, z. B. Sportunfälle, verwickelt wird und er seine Lebensführung insoweit nicht ändert. Hier kann durchaus darauf geschlossen werden, dass es auch in

---

50 Herbst/Wohlfahrt, DB 1990, 1820.
51 KR-Etzel, § 1 KSchG Rn. 354.
52 KR-Etzel, a.a.O.
53 BAG vom 14. 1. 1993 – 2 AZR 343/92, NZA 1994, 309, 310.
54 ErfK-Ascheid, § 1 KSchG Rn. 223.

Zukunft zu weiteren Sportunfällen kommen wird, da der Beschäftigte in besonderem Maß unvorsichtig oder risikobereit ist.[55]

War der Beschäftigte in der Vergangenheit oft krank und ist die Krankheitsursache dafür unklar und kann keine klare Diagnose gestellt werden, kann auch dies für eine negative Zukunftsprognose genügen.[56]

Damit gilt auch, dass alle ausgeheilten Erkrankungen, die zukünftig nicht mehr auftreten werden, keine Berücksichtigung finden können.

Probleme bereitet auch die Frage, ob Erkrankungen im Zusammenhang mit der Schwangerschaft berücksichtigt werden dürfen. Klar ist, dass die Schutzfristen nach dem MuSchG nicht berücksichtigt werden können.[57] Eine Schwangerschaft ist keine Krankheit. Komplizierter ist die Frage, ob Erkrankungen, die im Zusammenhang mit einer Schwangerschaft oder der Entbindung auftreten, Berücksichtigung finden dürfen. Der *EuGH*[58] hat – unter Modifizierung seiner bisherigen Rechtsprechung – zumindest für den Zeitraum der Schwangerschaft den Schutz der Frauen insoweit gestärkt, als auch Krankheiten während der Schwangerschaft von der Berücksichtigung ausgenommen werden müssen.

Eine als Fahrerin Beschäftigte wurde im August 1990 schwanger. Die Schwangerschaft entwickelte sich schwierig. Ab Mitte August 1990 war die Schwangere aufgrund dieser Probleme arbeitsunfähig. Daraufhin wurde wegen der Fehlzeiten gekündigt.

Der *EuGH* hat entschieden, dass zwar der Zustand der Schwangerschaft keineswegs einem krankhaften Zustand gleichzustellen sei, es jedoch während der Schwangerschaft zu Problemen und Komplikationen kommen könne, die die Frau zwängen, sich einer strengen ärztlichen Überwachung zu unterziehen und sich ggf. während der gesamten Schwangerschaft oder während eines Teils derselben in jeder Hinsicht zu schonen. Diese Probleme und Komplikationen, die eine Arbeitsunfähigkeit zur Folge haben können, gehörten zu den mit einer Schwangerschaft verbundenen Risiken und damit zu dem, was das Spezifische dieses Zustandes ausmache.

Fehlt also die Arbeitnehmerin wegen einer durch die Schwangerschaft oder die Entbindung bedingten Krankheit, die während des Mutterschutzes und danach fortbestanden hat, so darf sowohl die während des Mutterschutzes als auch die bereits vom Beginn der Schwangerschaft bis zum Beginn des Mutterschutzes eingetretene Fehlzeit nicht bei der Berechnung der krankheits-

---

55 Kittner/Däubler/Zwanziger, KSchR, § 1 KSchG Rn. 84d.
56 LAG Hamm vom 16. 10. 1997, NZA-RR 1997, 206.
57 Lepke, S. 174.
58 EuGH vom 30. 6. 1998 – Rs. C-394/96 (Mary Brown/Rentokil Ltd.), NZA 1998, 871, 872.

bedingten Fehlzeiten berücksichtigt werden. Krankheiten, die erst nach Ablauf des Mutterschutzes auftreten und die auf die Schwangerschaft oder die Geburt zurückzuführen sind, sollen dagegen berücksichtigt werden dürfen. Dies stelle keine Diskriminierung der Frau dar.

Ist nun klar, welcher Zeitraum angelegt werden soll und welche Krankheiten Berücksichtigung finden, ist zu klären, ab welchem Zeitumfang von häufigen Kurzerkrankungen gesprochen werden kann.

Auch der Jurist weiß an dieser Stelle keine genaue Antwort und sagt: »Es kommt darauf an.« Ansonsten verweist er auf die Rechtsprechung. Ernsthafter gesprochen: Es gibt keine durch Gesetz oder Rechtsprechung festgelegte Grenze. Erstinstanzliche Gerichte wenden öfter einmal die – sehr grobe – Faustformel an, wonach es unschädlich sei, wenn bis zu je einem Viertel der Arbeitstage in den vergangenen vier Jahren aufgrund der zu berücksichtigenden Krankheiten gefehlt worden sei. Die Rechtsprechung ist derart vielfältig, dass die Darstellung hier den Rahmen sprengen würde. Es gibt keine feste Regel für die Alltagspraxis, es ist jeder Einzelfall zu prüfen. Eine ausführliche Zusammenstellung der Rechtsprechung findet sich bei *Lepke*.[59] Daraus einige Beispiele:

Gerechtfertigt war die Kündigung einer an einem Wirbelsäulenleiden erkrankten Pflegerin, die in vier Jahren 766 Arbeitstage gefehlt hat. Gleiches gilt für die Kündigung eines Busfahrers, der ca. 75 % der Arbeitszeit fehlte. Nicht anders verhielt es sich bei der Kündigung eines Arbeitnehmers, der in den letzten fünf Jahren jeweils ca. 25 % der Arbeitstage aufgrund eines Wirbelsäulenleidens krankheitsbedingt abwesend war. Wirksam war auch die Kündigung eines Lagerarbeiters, der in der Zeit von 1982 bis Anfang 1988 zwischen 37 und 76 Arbeitstagen jährlich fehlte.

Alleine schon diese kleine Auswahl macht deutlich, wie unterschiedlich die Fallkonstellationen sein können und wie wenig Prognosen über einen Prozessausgang möglich sind. Festgehalten werden muss vielmehr, wie das *BAG* immer wieder betont hat, dass es grundsätzlich keine festen Grenzwerte für die krankheitsbedingte Kündigung gibt. Alle generalisierenden und quantifizierenden Vorschläge sind willkürlich und nicht geeignet, dem Einzelfall gerecht zu werden, wie dies nach § 1 Abs. 2 Satz 1 KSchG erforderlich ist.[60]

Der Arbeitgeber ist verpflichtet, die Erkrankungen, die er als Indiz anführt, nach Zahl, Dauer und zeitlicher Abfolge genau zu bezeichnen. Eine pauschale Angabe, z.B. 1997 = 35 Fehltage, 1998 = 112 Fehltage und 1999 = 78 Fehltage, genügt nicht. Notwendig ist die genaue, datumsmäßig bestimmte Be-

---

59 Lepke, S. 167 ff.
60 BAG vom 6.9.1989 – 2 AZR 224/89, NZA 1990, 434, 436.

nennung der Fehltage.[61] Die Krankheitsursachen müssen nicht mitgeteilt werden. Liegt eine solche Benennung vor, kann der Arbeitnehmer nunmehr diese Indizwirkung erschüttern. Dies kann dadurch geschehen, dass vorgetragen wird, dass die Erkrankungen ausgeheilt seien, dass die Krankheitsursache durch Heilbehandlung, z.B. Operation, Kur o.Ä., beseitigt sei. Es kann auch dadurch geschehen, dass die Ursachen für die Erkrankung, die dem Arbeitgeber möglicherweise nicht bekannt sind, benannt werden und dadurch ersichtlich wird, dass es sich um Erkrankungen handelt, die nach den obigen Ausführungen nicht berücksichtigt werden dürfen (z.B. Unfallverletzungen).

Werden Ärzte als Zeugen dafür benannt, dass keine zukünftigen Erkrankungen mehr zu erwarten sind, ist darauf zu achten, dass eine Befreiung von der ärztlichen Schweigepflicht erfolgt. Gleiches gilt für ärztliche Atteste. Aussagen über den aktuellen Gesundheitszustand genügen vor dem Hintergrund der in die Zukunft gerichteten Indizwirkung nicht.[62]

Wird zu den Behauptungen des Arbeitgebers, auch hinsichtlich der zukünftigen Entwicklung sei mit hohen Fehlzeiten zu rechnen, von Seiten des Arbeitnehmers nichts vorgetragen, so gilt dies prozessual als zugestanden. Das Gericht muss dann den arbeitgeberseitigen Vortrag als richtig und zutreffend seiner Entscheidung zugrundelegen. Hier ist also Vorsicht geboten.

b) Prognose

Ausdrücklich muss darauf verwiesen werden, dass der Arbeitnehmer nicht den Beweis führen muss, dass zukünftig nicht mehr mit Erkrankungen zu rechnen ist, es genügt, wenn er die Indizwirkung erschüttert. Gelingt ihm dies, so muss der Arbeitgeber den Beweis führen, dass es bei der Indizwirkung bleibt.[63] Da dies meist nur durch die Aussagen der behandelnden Ärzte gelingt, muss der Arbeitnehmer entscheiden, ob er diese von ihrer Schweigepflicht befreit. Ist ihm die Befreiung zumutbar, erteilt er sie jedoch nicht, so geht die prozessuale Beweislast auf ihn über.[64] Dies birgt natürlich die Gefahr, dass über die Entbindung der Schweigepflicht der Arbeitnehmer den Arbeitgeber erst in die Lage versetzt, die Kündigungsvoraussetzungen zu beweisen.

Erst wenn entweder die Erschütterung der Indizwirkung nicht gelungen ist oder aber der Arbeitgeber den Beweis für die Indizwirkung führen konnte, kommt man zur Prognose über die gesundheitliche Entwicklung des Arbeit-

---

61 KR-Etzel, § 1 KSchG Rn. 353; Kittner/Däubler/Zwanziger, KSchR, § 1 KSchG Rn. 84f.

62 KR-Etzel, § 1 KSchG Rn. 357.

63 KR-Etzel, a.a.O.

64 Kittner/Däubler/Zwanziger, KSchR, § 1 KSchG Rn. 104.

nehmers und die sich daraus ergebende zukünftige Belastung des Arbeitgebers.

Bei der Prognose ist zu berücksichtigen, welche Tendenz der Krankheitsverlauf in der Vergangenheit hatte, ob eine steigende oder fallende Entwicklung zu beobachten ist oder ob Fehlzeiten gleichgeblieben sind. Von Bedeutung kann auch sein, ob regelmäßige Abstände zwischen den einzelnen Krankheitsphasen lagen und wie häufig sie aufgetreten sind.[65]

c)   Betriebliche Beeinträchtigungen

Nunmehr ist zu prüfen, ob die prognostizierten Kurzerkrankungen zu einer erheblichen Beeinträchtigung betrieblicher Belange führen. Auch hier gilt, dass die Krankheiten nur dann kündigungsrelevant sind, wenn die durch diese Erkrankungen bedingten Ausfälle sich erheblich störend auf den Betrieb auswirken. Diese kann zum einen in Störungen im Betriebsablauf selbst liegen, zum anderen sich in einer wirtschaftlichen Belastung des Betriebes ausdrücken.

Eine Beeinträchtigung betrieblicher Belange ist z.B. dann gegeben, wenn Störungen im Produktionsablauf eintreten, wenn Aushilfskräfte eingestellt werden müssen, wenn der Betriebsfrieden durch die anfallende Mehrbelastung gestört wird, wenn Liefertermine nicht eingehalten werden können.[66] Solche Störungen sind nur dann als Kündigungsgrund geeignet, wenn sie nicht durch mögliche Überbrückungsmaßnahmen vermieden werden können.[67] Zu den Überbrückungsmaßnahmen können der Einsatz von Vertretern aus der Personalreserve, befristete Neueinstellungen oder die Umorganisation des Arbeitsablaufes zählen. Kann der Arbeitgeber den Ausfall durch solche Maßnahmen überbrücken, liegt keine Betriebsstörung vor. Die Kosten, die mit einer solchen Maßnahme verbunden sind, sind nicht unter den Betriebsablaufproblemen, sondern bei der wirtschaftlichen Belastung zu prüfen. Könnte der Arbeitgeber den Ausfall durch so genannte Springer ersetzen, hält er aber keine ihm zumutbare Personalreserve vor, so liegt nach Auffassung von *Etzel*[68] keine Betriebsstörung vor. Zumindest wird dieser Umstand jedoch in der Interessenabwägung zu Lasten des Arbeitgebers zu berücksichtigen sein.[69] Darüber hinaus kommt es bei der Frage nach der Betriebsstörung und zumut-

---

65 KR-Etzel, § 1 KSchG Rn. 355.

66 ErfK-Ascheid, § 1 KSchG Rn. 244.

67 BAG vom 16.2.1989 – 2 AZR 299/88, NZA 1989, 923.

68 KR-Etzel, § 1 KSchG Rn. 363.

69 Kittner/Däubler/Zwanziger, KSchR, § 1 KSchG Rn. 94; wohl auch in diese Richtung Lepke, S. 204 ff.

baren Überbrückungsmaßnahmen auch immer darauf an, mit welchen Tätigkeiten der Arbeitnehmer im Betrieb betraut ist und welche Stellung er einnimmt. Nicht jede Störung im Betriebsablauf reicht aus, um eine Kündigung zu rechfertigen, es muss sich vielmehr um erhebliche Beeinträchtigungen handeln. Nicht schwerwiegende Störungen, z. b. Überstunden der anderen Arbeitnehmer, muss der Arbeitgeber hinnehmen.[70] Die Störung im Betriebsablauf hat der Arbeitgeber detailliert und nachvollziehbar darzulegen und zu beweisen. Hierbei genügen schlagwortartige Darstellungen nicht. Als Kündigungsgrund reicht es aus, wenn der Arbeitgeber wirtschaftliche Gründe geltend macht.

Das *BAG*[71] geht davon aus, dass allein die entstandenen und künftig zu erwartenden Lohnfortzahlungskosten, die jährlich jeweils für einen Zeitraum von mehr als sechs Wochen aufzuwenden sind, eine erhebliche Beeinträchtigung betrieblicher Interessen bei der Beurteilung der sozialen Rechtfertigung der Kündigung darstellen. Dies gilt auch dann, wenn der Arbeitgeber Betriebsablaufstörungen nicht darlegt und eine Personalreserve nicht vorhält.

Beispiel:
Eine Beschäftigte war aufgrund verschiedener Erkrankungen für die Jahre 1989 bis 1991 jeweils länger als sechs Wochen erkrankt. Im Jahr 1992 war sie bis zum 28. 4. 1992 insgesamt 19 Tage krank. Daraufhin kündigte ihr der Arbeitgeber. Zur Begründung führte er an, dass er keine Personalreserve habe und die Belastung durch die Lohnfortzahlung seiner Auffassung nach schon alleine die Kündigung rechtfertige, insbesondere deshalb, weil eine Besserung des Gesundheitszustandes der Beschäftigen nicht absehbar sei.

Das *LAG Rheinland-Pfalz* ist dieser Argumentation nicht gefolgt und hat festgestellt, dass in den Fällen, in denen der Arbeitgeber nicht mit den Kosten einer Personalreserve belastet ist, die Lohnfortzahlung keine derartige betriebliche Belastung darstelle, dass eine Kündigung gerechtfertigt sei. Es hat der Kündigungsschutzklage stattgegeben. Dem ist das *BAG* nicht gefolgt. Im Klartext bedeutet dies, dass entweder eine Krankheit, die mindestens sechs Wochen dauert, oder mehrere Krankheiten, die zusammengerechnet sechs Wochen ergeben – vorausgesetzt, die oben genannten übrigen Voraussetzungen liegen vor –, ausreichen, um die Kündigung zu rechtfertigen. Die Frage der Personalreserve spielt in diesen Fällen nach dem *BAG* nur bei der Interessenabwägung eine Rolle.[72]

---

70 BAG vom 15. 2. 1984 – 2 AZR 573/82, EzA § 1 KSchG Krankheit Nr. 15.
71 BAG vom 29. 7. 1993 – 2 AZR 155/93, EzA § 1 KSchG Krankheit Nr. 40.
72 BAG vom 29. 7. 1993, a.a.O.

Diese Auffassung des *BAG* ist heftig umstritten. *Etzel*[73] stimmt ihr zu, *Ascheid*[74] hält die daran geübte Kritik für berechtigt, hält jedoch die Ergebnisse für zutreffend,[75] *Kittner*[76] lehnt sie grundsätzlich auch im Ergebnis ab. An dieser Stelle soll und kann der Streit nicht entschieden werden, obwohl kein Hehl daraus zu machen ist, dass die Position des *BAG* trotz vielfältiger Begründungsversuche nicht zu überzeugen vermag. Da aber nicht davon auszugehen ist, dass das *BAG* in naher Zukunft seine Rechtsprechung ändern wird, ist diese zugrunde zu legen.

Festzuhalten ist damit, dass es als erheblich und damit als ausreichend für eine Kündigung erachtet wird, wenn über einen Zeitraum von mindestens zwei Jahren in jedem Jahr Entgeltfortzahlungen für mehr als sechs Wochen zu gewähren sind und aufgrund der negativen Prognose anzunehmen ist, dass dieser Zustand sich nicht ändern wird.[77] Geringere Zeiträume – auch wenn sie sich aus der Addition mehrerer Erkrankungen ergeben – bleiben unberücksichtigt.

Wird in einem Tarifvertrag geregelt, dass dem Arbeitnehmer über den Zeitraum von sechs Wochen hinaus Lohnfortzahlung bzw. ein Zuschuss zum Krankengeld gezahlt wird, so lässt sich daraus, so zumindest das *BAG*[78] nicht folgern, dass auch ein Zeitraum über sechs Wochen hinaus hinsichtlich der wirtschaftlichen Belastung unbeachtlich bleibt.

Einem erkrankten Arbeitnehmer wurde gekündigt. Der in diesem Fall einschlägige Manteltarifvertrag für die Arbeiter und Angestellten der Metallindustrie Nordwürttemberg-Nordbaden sah vor, dass gestaffelt nach Betriebszugehörigkeit über den gesetzlichen Rahmen hinaus Zuschüsse zum Krankengeld in Höhe der Differenz zum Nettolohn gezahlt werden.

Das *LAG Baden-Württemberg* gab der Kündigungsschutzklage statt und begründete dies damit, dass die krankheitsbedingten Fehlzeiten zwar länger als sechs Wochen andauerten, sich jedoch noch im Rahmen der Zeiträume bewegten, die durch den Tarifvertrag insoweit abgedeckt seien, als noch Zuschüsse zu zahlen seien. Daraus folgere, dass diese Fehlzeiten keine die Kündigung rechtfertigende betriebliche Belastung darstellten, sie seien durch die tarifvertragliche Regelung abgedeckt. Das *BAG* ist dem nicht gefolgt und hat darauf verwiesen, dass solche tarifvertraglichen Regelungen, die über den

---

73 KR-Etzel, § 1 KSchG Rn. 366.
74 ErfK-Ascheid, § 1 KSchG Rn. 247.
75 ErfK-Ascheid, § 1 KSchG Rn. 251.
76 Kittner/Däubler/Zwanziger, KSchR, § 1 KSchG Rn. 84 l ff.
77 ErfK-Ascheid, § 1 KSchG Rn. 251.
78 BAG vom 6.9.1989 – 2 AZR 224/89, NZA 1990, 434.

6-Wochen-Zeitraum hinausgehen, alleine noch nicht geeignet seien, eine ordentliche Kündigung sozial nicht zu rechtfertigen.

Es gibt jedoch keinen Automatismus, dass jede Überschreitung des 6-Wochen-Zeitraums in jedem Fall ausreicht, um eine Kündigung sozial zu rechtfertigen. Es bedarf auch hier selbstverständlich immer noch der Interessenabwägung.

Andererseits bedeutet diese Position aber auch nicht, dass zur sozialen Rechtfertigung immer ein Lohnfortzahlungsanspruch von sechs Wochen vorgelegen haben muss. Im Einzelfall können auch kürzere Zeiträume genügen, wenn noch Betriebsablaufstörungen hinzutreten.[79]

Zu Recht weist *Kittner*[80] darauf hin, dass nicht geklärt sei, wieweit sich eigentlich die Prognose hinsichtlich der zu erwartenden Belastungen des Arbeitgebers in die Zukunft zu erstrecken habe. Offenbar wird immer von der Zukunft geredet, aber konkret ein Jahr, d.h. eine einmalige erneute Belastung als ausreichend betrachtet. *Kittner* fordert hier, dass dies nicht ausreichen dürfe, sondern dargelegt und erforderlichenfalls bewiesen werden müsse, dass ein Ende der Belastungen nicht absehbar sei.

Wichtig ist auch hier der Hinweis darauf, dass auch eine Kündigung wegen mehrerer kurzzeitiger Erkrankungen immer nur das letzte Mittel sein kann. Es ist vor dem Ausspruch einer Kündigung daher immer auch zu prüfen, ob nicht mildere Mittel als eine Kündigung in Betracht kommen können. Dies könnte z.B. die Weiterbeschäftigung auf einem leidensgerechten Arbeitsplatz sein.[81] Besteht eine solche Umsetzungsmöglichkeit, liegt keine erhebliche betriebliche Beeinträchtigung vor. Die Pflicht zur Prüfung, ob eine Versetzungsmöglichkeit gegeben ist, besteht unabhängig von der Ursache der Erkrankung, muss also nicht nur bei Erkrankungen, die ihre Ursache im Betrieb haben, vorgenommen werden.[82]

d)   Interessenabwägung

Auch wenn alle oben genannten Voraussetzungen erfüllt sind und damit ein Kündigungsgrund vorliegt, bedarf es zur Feststellung der sozialen Rechtfertigung der Kündigung immer noch der Interessenabwägung und der eingehenden Prüfung des Einzelfalls. Hinsichtlich der Grundsätze kann zunächst auf die allgemeinen Ausführungen (siehe Seite 27 ff.) hingewiesen werden.

---

79 Ebenda.
80 Kittner/Däubler/Zwanziger, KSchR, § 1 KSchG Rn. 86.
81 BAG vom 29.1.1997 – 2 AZR 9/96, NZA 1997, 709.
82 KR-Etzel, § 1 KSchG Rn. 370.

Grundsätzlich gilt auch hier, dass eine strenge Prüfung zu erfolgen hat. Eine Kündigung wegen häufiger kurzzeitiger Krankheiten ist nur dann sozial gerechtfertigt, wenn die dadurch verursachten Belastungen ein solches Ausmaß erreicht haben, dass sie für den Arbeitgeber billigerweise nicht mehr hinnehmbar sind.[83] Allgemein gültige Grenzen der wirtschaftlichen Belastung und/oder der Störung des Betriebsablaufs gibt es nicht.

Aus dem oben Gesagten ergibt sich, dass die wirtschaftlichen Belastungen für den Arbeitgeber so hoch sein müssen, dass eine Weiterbeschäftigung des Arbeitnehmers für ihn unzumutbar wird.[84] Zu berücksichtigen sind die Kosten des konkreten Arbeitsverhältnisses. Das erfordert eine Gegenüberstellung zwischen dem Ertrag der in einem ungestörten Arbeitsverhältnis – also ohne jede Fehlzeit – erbrachten Leistung und den Ausfällen, die der Arbeitgeber durch die Fehlzeiten hinnehmen muss.[85] Ob die Belastung, die sich aus dieser Gegenüberstellung ergibt, vom Arbeitgeber noch länger zu tragen ist, hängt von der Länge des ungestörten Arbeitsverhältnisses ab: Je länger es bestanden hat, desto höher ist der vom Arbeitgeber zu ertragende Verlust.

In diesem Zusammenhang ist auch zu berücksichtigen, wie hoch die Ausfallquote bei vergleichbaren Beschäftigen ist. Nur eine wesentlich höhere Ausfallquote als der dort vorzufindende Durchschnitt rechtfertigt eine Kündigung. Je geringer die Fehlzeit im Verhältnis zum Durchschnitt, um so weniger rechtfertigt dies eine Kündigung. Immerhin könnte es ja sein, dass in der konkreten Abteilung Arbeitsbedingungen herrschen, die zu Krankheiten führen, während dies im restlichen Betrieb nicht der Fall ist. Deshalb muss immer auf die konkrete Abteilung und die dort beschäftigten Arbeitnehmer als Vergleichsgruppe abgestellt werden.

Bei der Interessenabwägung ist auch zu prüfen, ob die erheblichen betrieblichen Auswirkungen nicht durch weitere zumutbare Überbrückungsmaßnahmen hätten verhindert werden können. Dies spielt eine besondere Rolle bei der Frage, wie Arbeitgeber zu behandeln sind, die keine Personalreserve vorhalten, d.h., keine Vorkehrungen treffen, um den krankheitsbedingten Ausfall von Mitarbeitern – der immer plötzlich auftreten kann – aufzufangen. Entstehen die Belastungen für den Arbeitgeber daraus, dass er keine Personalreserve vorhält, kann er daraus keine Vorteile herleiten.[86] *Kitt-*

---

83 Ständige Rechtsprechung; zuletzt BAG vom 29.4.1999, AiB 2000, 450 m. Anm. Hinrichs.
84 Kittner/Däubler/Zwanziger, KSchR, § 1 KSchG Rn. 90.
85 ErfK-Ascheid, § 1 KSchG Rn. 258.
86 ErfK-Ascheid, § 1 KSchG Rn. 259 a.E.

ner[87] meint, dass der Arbeitgeber in einem solchen Fall so zu behandeln sei, als ob er eine Personalreserve vorgehalten hätte. Dies würde in den Fällen, in denen der Ausfall mit im Betrieb vorhandenen Vertretern hätte aufgefangen werden können, dazu führen, dass die Kündigung sozial nicht gerechtfertigt sei.

Bei der Frage nach weiteren Überbrückungsmaßnahmen spielt die Stellung des Erkrankten im Betrieb eine wichtige Rolle. Bei führenden Mitarbeitern sind diese weniger von Bedeutung als bei Mitarbeitern in der Produktion.

In die Abwägung ist des Weiteren mit einzubeziehen, welche Maßnahmen der Arbeitgeber selbst zur Vermeidung von Krankheiten im Betrieb unternommen hat (z.B. Gesundheitsförderung, Gesundheitszirkel). Bei Arbeitgebern, die wenig unternehmen, um ihrer Verpflichtung aus § 3 Abs. 1 Satz 3 ArbSchG – die Verbesserung der Sicherheit und den Gesundheitsschutz der Beschäftigten anzustreben – nachzukommen, ist dies bei der Interessenabwägung zu ihren Lasten zu berücksichtigen.[88]

Wird die Kündigung alleine auf die Belastung aus der Entgeltfortzahlung gestützt, müssen diese Kosten außergewöhnlich hoch sein. Dies bedeutet, dass die Belastung aus der sechswöchigen Entgeltfortzahlung nicht ausreicht, sondern dass hier Leistungen für einen deutlich höheren Zeitraum angefallen sein müssen. Auch hier ist als Vergleichsgröße die durchschnittliche Fehlzeit von vergleichbaren Beschäftigten heranzuziehen. Der kündigungsrelevante Zeitraum muss deutlich über deren durchschnittlicher krankheitsbedingter Fehlzeit liegen.

Von ganz erheblicher Bedeutung – hierauf wurde bereits hingewiesen – sind alle Umstände, die darauf hindeuten, dass die Krankheit betriebliche Ursachen hat. Diese sind besonders zu Gunsten des Arbeitnehmers zu berücksichtigen.

5. Einzelne Kündigungsgründe

Im Folgenden sollen einzelne Problembereiche noch einmal gesondert zusammengestellt und behandelt werden. Dabei handelt es sich um Themenbereiche, die sich in der Praxis als besonders wichtig herausgestellt haben und bei denen einige Besonderheiten zu beachten sind. Es werden nachfolgend Problemlagen angesprochen, die nicht unmittelbar oder mittelbar Krankheitswert haben (z.B. Transsexualität, Alter, Schwangerschaft), die jedoch in der öffent-

---

87 Kittner/Däubler/Zwanziger, KSchR, § 1 KSchG Rn. 92.
88 Kittner/Däubler/Zwanziger, KSchR, § 1 KSchG Rn. 91.

lichen Diskussion oft im Zusammenhang mit krankheitsbedingten Kündigungen behandelt werden. Weiterhin gilt, dass auch die folgenden Fälle nach den oben dargestellten Grundsätzen zu beurteilen sind; auch wenn der Einzelfall sich unter eine der folgenden Gruppen fassen lässt, muss er trotzdem immer noch jeweils einer Einzelfallprüfung unterzogen werden.

a) AIDS/HIV-Infektion

Die Erscheinungsformen AIDS und HIV-Infektion sind – auch arbeitsrechtlich – klar voneinander zu unterscheiden.

Von AIDS wird dann gesprochen, wenn sich die HIV-Infektion in ihrem akuten, letzten Stadium befindet. Davor liegen oft lange Jahre, in denen die Krankheit nicht ausbricht und sich nicht auf die Arbeitsfähigkeit auswirkt.

Die Erkrankung an AIDS rechtfertigt noch keine Kündigung. Kommt es nach Ausbruch der Krankheit zu krankheitsbedingten Fehlzeiten, so ist eine deshalb ausgesprochene Kündigung – je nach Einzelfall entweder nach den Grundsätzen der Kündigung wegen dauernder Leistungsunfähigkeit (siehe Seite 32 ff.) oder der häufigen Kurzerkrankungen (siehe Seite 37 f.) zu behandeln. Insoweit bestehen keine Besonderheiten zu anderen Erkrankungen.[89]

Zu beachten ist, dass in einer späteren Phase der Krankheit regelmäßig die Voraussetzungen für eine Schwerbehinderung gegeben sein dürften. Auch, aber nicht nur wegen der kündigungsrechtlichen Auswirkungen ist es empfehlenswert, einen Antrag auf Schwerbehinderung zu stellen.

Ist die Krankheit noch nicht ausgebrochen, rechtfertigt die bloße HIV-Infektion keine Kündigung.[90] Dies gilt insgesamt für alle Arbeitsbereiche, da die Gefahr der Ansteckung am Arbeitsplatz – auch z.B. im medizinischen Bereich[91] – in der Regel nicht gegeben ist. Insoweit ist *Etzel*[92] nicht zuzustimmen. Liegt also eine HIV-Infektion vor, ohne dass sie Auswirkungen auf die Erbringung der Arbeitsleistung hat, kann eine Kündigung darauf nicht wirksam gestützt werden. Eine Druckkündigung, die alleine auf die HIV-Infektion gestützt wird, ist grundsätzlich ebenfalls unzulässig.[93] *Lepke*[94] weist zu Recht darauf hin, dass der zum Teil hysterischen Angstreaktion der Bevölkerung, mit

---

89 KR-Etzel, § 1 KSchG Rn. 305.
90 ErfK-Ascheid, § 1 KSchG Rn. 263; BAG vom 26.1.1995 – 2 AZR 649/94, NZA 1995, 517, 518.
91 Lepke, S. 327.
92 KR-Etzel, § 1 KSchG Rn. 306.
93 Kittner/Däubler/Zwanziger, KSchR, § 1 KSchG Rn. 111a m.w.N.
94 Lepke, S. 332 f.

HIV infiziert zu werden, auch und vor allem unter kündigungsrechtlichen Aspekten nachhaltig begegnet werden müsse. Dies gelte jedenfalls dann, wenn für die übrige Belegschaft, die bei der Erfüllung ihrer betrieblichen Aufgaben unmittelbaren Kontakt mit dem HIV-Träger habe, eine konkrete Ansteckungsgefahr nicht bestehe, was nach dem derzeitigen Erkenntnisstand regelmäßig der Fall sein wird, und zwar auch bei medizinischen Berufen. In solchen Fällen habe sich der Arbeitgeber vielmehr schützend vor den erkrankten Arbeitnehmer zu stellen, damit dieser in einer besonders schwierigen Phase seines Lebens nicht auch noch seine wirtschaftliche Existenzgrundlage verliere.

b)   Alkohol

Festzustellen ist gleich zu Beginn: Alkoholabhängigkeit ist eine Krankheit[95] und demnach nach den Grundsätzen der krankheitsbedingten Kündigung zu behandeln.[96] Es gelten uneingeschränkt die Grundsätze der krankheitsbedingten Kündigung, wie sie oben entwickelt und dargestellt sind. Je nach Ausprägung der Krankheit und deren Folgen (dauernde Leistungsunfähigkeit, langanhaltende Fehlzeit oder häufige Kurzerkrankung) ist die kündigungsschutzrechtliche Prüfung vorzunehmen. Von einer Alkoholerkrankung geht das *BAG* dann aus, wenn infolge psychischer und physischer Abhängigkeit gewohnheits- und übermäßiger Alkoholgenuss trotz besserer Einsicht nicht aufgegeben oder reduziert werden kann.[97]

Auch hier gilt das **Drei-Stufen-Schema:** Ist eine Alkoholerkrankung festgestellt, so reicht dies noch nicht für eine negative Prognose aus. Hinzukommen muss, dass der Arbeitnehmer sich weigert, eine Entziehungskur durchzuführen. Erst das Zusammentreffen von Alkoholerkrankung und der Weigerung, sich einer Entziehungskur zu unterziehen, reicht für eine negative Zukunftsprognose.[98] Willigt der Arbeitnehmer dagegen in eine Behandlung, z.B. eine Entziehungskur, ein, so muss der Arbeitgeber vor Ausspruch der Kündigung deren Ergebnis abwarten.[99] In der Rechtsprechung ist weiterhin anerkannt, dass der Arbeitgeber den Arbeitnehmer vor Ausspruch der Kündigung in der Regel auffordern muss, eine solche Entziehungskur durchzuführen.[100] Das

---

95 BAG vom 1.6.1983 – 5 AZR 70/81, BAGE 43, 54; AP § 1 LohnFG Nr. 52.
96 BAG vom 9.4.1987 – 2 AZR 210/86, NZA 1987, 811 f.
97 BAG vom 26.1.1995 – 2 AZR 649/94, NZA 1995, 517, 518.
98 KR-Etzel, § 1 KSchG Rn. 309.
99 Kittner/Däubler/Zwanziger, KSchR, § 1 KSchG Rn. 114.
100 LAG Hamm vom 19.9.1986 – 16 Sa 833/86, NZA 1987, 669; ErfK-Ascheid, § 1 KSchG Rn. 256.

Arbeitsgericht Düsseldorf geht noch weiter und spricht davon, dass dem Arbeitgeber bereits bei Anzeichen von Alkoholabhängigkeit des Arbeitnehmers die Pflicht obliege, diesen zu einer Entziehungskur anzuhalten.[101]

Probleme treten aber in diesem Zusammenhang deshalb auf, weil es der Eigenart der Alkoholkrankheit entspricht, dass dem Erkrankten oft die Einsicht fehlt, dass er krank ist. Der Alkoholkonsum wird negiert (»Ich trinke kaum Alkohol, ein, zwei Schnäpse am Tag.« »Und Bier?« »Tja, so zehn bis zwölf Flaschen.«); er wird als jederzeit beherrschbar empfunden (»Wenn ich will, kann ich jederzeit aufhören.«) Gleichzeitig wird jedes Gespräch darüber verweigert und es geradezu als Beleidigung empfunden, als alkoholkrank angesehen zu werden. Fehlt jedoch die Einsicht in den Krankheitswert, ist es oft schwer bis unmöglich, den Beschäftigten von der Notwendigkeit einer Entziehungskur zu überzeugen. Dies ist deshalb so fatal, da nach ganz herrschender Ansicht die nach Zugang der Kündigung vorliegende Bereitschaft, sich einer Entziehungskur zu unterziehen, nicht mehr zu einer Prognosekorrektur ausreicht.[102] Im Übrigen liegt eine negative Zukunftsprognose auch dann vor, wenn die Entziehungskur vorzeitig abgebrochen wird[103] oder die Entziehungskur ohne Heilungserfolg bleibt.

Davon zu unterscheiden ist die Frage des Rückfalls nach einer – zunächst – erfolgreichen Entziehungskur. Ein solcher Rückfall rechtfertigt nicht automatisch eine Kündigung. Es kommt hier wie bei jeder krankheitsbedingten Kündigung auf den Einzelfall an. Dabei ist auf die Ursachen der erneuten Erkrankung abzustellen. Es gibt keinen Erfahrungssatz, wonach die Alkoholerkrankung in aller Regel eine selbstverschuldete Krankheit und damit auch die erneute Erkrankung nach einer erfolgreichen Entziehungskur selbstverschuldet ist.[104]

In diesem Zusammenhang ist darauf hinzuweisen, dass es zwischenzeitlich in einer Vielzahl von Betrieben Betriebsvereinbarungen über das Vorgehen bei Alkoholerkrankungen gibt. Diese Betriebsvereinbarungen enthalten vielfältige Eskalationsstufen, z.B. den Besuch von Selbsthilfegruppen mit Berichtspflicht an Vorgesetzte, die Einrichtung von Selbsthilfegruppen im Betrieb, regelmäßige Gespräche mit im Betrieb vorhandenen Sozialbetreuern. Die Betriebsvereinbarungen und die darin getroffenen Vereinbarungen über die unterschiedlichen Schritte als Voraussetzungen für eine Kündigung, die oft über die

---

101 ArbG Düsseldorf vom 13.3.1990, DB 1990, 1337, zitiert nach Kittner/Däubler/Zwanziger, KSchR, § 1 KSchG Rn. 114.
102 BAG vom 13.12.1990 – 2 AZR 336/90, EzA § 1 KSchG Krankheit Nr. 33.
103 Kittner/Däubler/Zwanziger, KSchR, § 1 KSchG Rn. 115.
104 KR-Etzel, § 1 KSchG Rn. 309.

gesetzlichen Vorschriften hinausgehen, sind einzuhalten. Sie gelten unmittelbar für den Beschäftigten. Werden sie durch den Arbeitgeber verletzt, kann dies die Unwirksamkeit der Kündigung zur Folge haben.

Tipp:
Es ist daher dringend anzuraten, sich beim Betriebsrat zu erkundigen, ob im Betrieb solche Vereinbarungen getroffen wurden. Eine eventuelle Kündigung ist auch nach Maßgabe einer solchen Betriebsvereinbarung zu prüfen.

Von der Alkoholerkrankung und den kündigungsrechtlichen Folgen sind der verbotene Alkoholkonsum und dessen mögliche Folgen am Arbeitsplatz zu unterscheiden. Solange verbotener Alkoholkonsum seine Ursache nicht in einer Alkoholerkrankung hat, stellt er keinen Grund für eine personenbedingte, möglicherweise aber einen Grund für eine verhaltensbedingte Kündigung dar.[105]

c)   Drogen

Auch bei der Drogenabhängigkeit handelt es sich medizinisch gesehen um eine behandlungsbedürftige Krankheit, sodass von den Grundätzen für eine krankheitsbedingte Kündigung auszugehen ist.[106] Es besteht Einigkeit darüber, dass hier die gleichen Überlegungen wie bei der Alkoholerkrankung anzustellen sind, sodass auf die obigen Ausführungen zur Alkoholerkrankung verwiesen werden kann.

d)   Spielsucht

Nach herrschender Ansicht stellt die Spielsucht einen krankhaften Zustand wie andere Suchtabhängigkeiten dar. Von daher gelten – folgt man der herrschenden Meinung – bei Belastungen des Arbeitsverhältnisses, die ihre Ursache in der Spielsucht haben, die gleichen Grundsätze, wie sie zur Alkoholsucht oder Drogenabhängigkeit (siehe Seite 50 ff.) entwickelt wurden.

e)   Alter

Das Alter eines Beschäftigten stellt keinen Kündigungsgrund dar. Das Alter ist keine Leistungsstörung, die zu einer personenbedingten Kündigung Anlass geben kann. Das Erreichen einer bestimmten Altersgrenze ist für sich allein kein in der Person des Arbeitnehmers liegender Kündigungsgrund.[107]

---

105 BAG vom 26.1.1995 – 2 AZR 649/94, NZA 1995, 517, 518.
106 LAG Baden-Württemberg vom 19.10.1993 – 11 TaBV 9/93, NZA 1994, 175, 176.
107 BAG vom 20.11.1987 – 2 AZR 284/86, NZA 1988, 617, 619.

Geht mit dem Alter eine Einschränkung der Leistungsfähigkeit einher und wirkt sich diese auf das Arbeitsverhältnis aus, kann eine personenbedingte Kündigung in Frage kommen. Jedoch kommt hier ein Nachlassen der Leistungen für eine Kündigung nur dann in Betracht, wenn der Arbeitnehmer nicht mehr in der Lage ist, die von ihm geschuldete Arbeitsleistung sowohl in quantitativer als auch in qualitativer Hinsicht ordnungsgemäß zu erfüllen. Die normale Herabsetzung der Leistungsfähigkeit des Arbeitnehmers infolge seines fortschreitenden Alters hat der Arbeitgeber zumindest bei solchen Beschäftigten hinzunehmen, die schon längere Zeit bei ihm tätig sind.[108] Zu beachten ist, dass es keine allgemein gültige Erfahrung dahingehend gibt, dass ältere Beschäftigte automatisch leistungsschwächer sind.

Kommt es mit zunehmendem Alter zu Krankheiten, ist deren Bedeutung für eine Kündigung nach den allgemeinen Grundsätzen abzuhandeln. Bei der Interessenabwägung ist dabei besonders zu berücksichtigen, wie lange das Beschäftigungsverhältnis angedauert hat, und ob die Krankheit(en) nicht dem Verbrauch der Kräfte in diesem Beschäftigungsverhältnis (mit)geschuldet sind.

Hiervon zu unterscheiden sind jedoch Vereinbarungen im Arbeitsvertrag, Tarifvertrag oder in Betriebsvereinbarungen über die Beendigung eines Arbeitsverhältnisses bei Erreichen eines bestimmten Alters. Diese dürften in der Regel zulässig sein. Die obigen Ausführungen beziehen sich nur auf die Möglichkeit einer arbeitgeberseitigen Kündigung unter alleiniger Bezugnahme auf das Alter.

f)   Altersrente

Auch das Erreichen der Altersgrenze, welche zum Bezug einer Rente oder Pension berechtigt, stellt als solches keinen Kündigungsgrund dar. Dies ergibt sich bereits aus § 41 Abs. 4 Satz 1 SGB VI. Dort heißt es:

»Der Anspruch des Versicherten auf eine Rente wegen Alters ist nicht als ein Grund anzusehen, der die Kündigung eines Arbeitsverhältnisses durch den Arbeitgeber nach dem Kündigungsschutzgesetz bedingen kann.«

g)   Altersteilzeit

Das Gleiche gilt für die Inanspruchnahme von Altersteilzeit. Dies ergibt sich aus § 8 Abs. 1 Altersteilzeitgesetz. Diese Vorschrift enthält eine analoge Regelung zu § 41 Abs. 4 Satz 1 SGB VI und regelt darüber hinaus, dass die Altersteilzeit bei der Sozialauswahl nicht zum Nachteil des Beschäftigten berücksichtigt werden darf.

---

108 Lepke, S. 180.

h)   Arbeitsbedingte Erkrankung

Bereits oben wurde mehrfach betont, dass bei arbeitsbedingten Erkrankungen bei der Interessenabwägung noch strengere Überlegungen hinsichtlich der sozialen Rechtfertigung anzustellen sind. Insoweit kann auch auf die folgenden Ausführungen zum Arbeitsunfall und zur Berufskrankheit verwiesen werden.

i)   Berufskrankheit

Liegen der Krankheit, wegen der gekündigt werden soll, Ursachen aus der Beschäftigung zugrunde – insoweit ist hier ein weites Verständnis des Begriffs »Berufskrankheit« im Sinne von »beruflich bedingter Krankheit« angezeigt –, sind besonders strenge Maßstäbe an die Prüfung der Sozialwidrigkeit anzulegen.[109] Dies gilt um so mehr, wenn der Arbeitgeber durch Unterlassen von Schutzmaßnahmen oder Maßnahmen der Gesundheitsvorsorge zu der Erkrankung beigetragen hat. Hinsichtlich der Interessenabwägung gelten die Grundsätze, die im Folgenden beim Arbeitsunfall dargestellt werden.

j)   Arbeitsunfall

Liegt der ausgesprochenen krankheitsbedingten Kündigung ein Arbeitsunfall zugrunde, sind an die soziale Rechtfertigung im Rahmen der Interessenabwägung sehr strenge Maßstäbe anzulegen. Ebenfalls nachhaltig sind andere Möglichkeiten, den betroffenen Arbeitnehmer einzusetzen, zu prüfen. Dies geht sogar so weit, dass der Arbeitgeber im Rahmen seines Direktionsrechtes auch durch Versetzungen einen freien Arbeitsplatz schaffen muss (siehe Seite 30 f.). Dazu gehört auch, dass er sich um die Zustimmung des Betriebsrates zu diesen erforderlichen Versetzungen bemühen muss.

Ist der Arbeitnehmer nur noch in der Lage, Teilleistungen zu erbringen, so kann erst dann wirksam gekündigt werden, wenn kein Teilzeitarbeitsplatz vorhanden ist und es dem Arbeitgeber nicht zumutbar ist, einen solchen Teilzeitarbeitsplatz zu schaffen.[110]

Weiterhin ist bei der Interessenabwägung zu berücksichtigen, ob der Unfall durch den Arbeitnehmer oder durch den Arbeitgeber zu vertreten ist. Bei einem durch den Arbeitgeber verschuldeten Arbeitsunfall ist eine Kündigung grundsätzlich ausgeschlossen.[111]

---

109 KR-Etzel, § 1 KSchG Rn. 318.
110 KR-Etzel, § 1 KSchG Rn. 320.
111 Kittner/Däubler/Zwanziger, KSchR, § 1 KSchG Rn. 120.

k) Eignung

Auch die mangelnde Eignung kann einen personenbedingten Kündigungsgrund darstellen. Im hier interessierenden Zusammenhang kann dies auch eine gesundheitliche Ungeeignetheit, die geschuldete Leistung zu erbringen, sein. Dies kommt z.B. in Betracht bei Krankheiten, die den Einsatz in bestimmten Bereichen aus gesundheitspolizeilichen Überlegungen verbieten (z.B. offene Tuberkulose und Beschäftigung in der Küche), bei Krankheiten, die es dem Beschäftigten unmöglich machen, bestimmte Tätigkeiten auszuführen (z.B. Mehlallergie eines Bäckers), oder bei allgemeiner Leistungsminderung. Solche Fälle sind nach den Grundsätzen über krankheitsbedingte Kündigungen zu beurteilen.[112]

l) Erwerbsunfähigkeit/verminderte Erwerbsfähigkeit

Seit dem am 1.1.2001 in Kraft getretenen Gesetz zur Reform der Renten wegen verminderter Erwerbsfähigkeit gibt es die alten und bekannten Begriffe »Rente wegen Berufsunfähigkeit« und »Rente wegen Erwerbsunfähigkeit« nicht mehr. An ihre Stelle ist die »Rente wegen Erwerbsminderung« nach § 43 SGB VI getreten. Danach wird unterschieden zwischen »teilweise erwerbsgemindert« (§ 43 Abs. 1 SGB VI) und »voll erwerbsgemindert« (§ 43 Abs. 2 SBG VI). Teilweise erwerbsgemindert ist, wer wegen Krankheit oder Behinderung auf nicht absehbare Zeit außer Stande ist, unter den üblichen Bedingungen des allgemeinen Arbeitsmarktes mindestens sechs Stunden erwerbstätig zu sein. Voll erwerbsgemindert ist derjenige Versicherte, der aufgrund von Krankheit oder Behinderung auf nicht absehbare Zeit außer Stande ist, unter den üblichen Bedingungen des allgemeinen Arbeitsmarktes mindestens drei Stunden täglich erwerbstätig zu sein oder der wegen Art oder Schwere der Behinderung nicht auf dem allgemeinen Arbeitsmarkt tätig sein kann. Diese Regelungen gelten für alle nach dem 2.1.1960 geborenen Versicherten.

Es ist hier nicht der richtige Ort, um auf diese Änderungen in der Rentenversicherung näher einzugehen. Es sollen einige Hinweise genügen, die im Zusammenhang mit der hier zu behandelnden Frage stehen. Zunächst einmal ist festzustellen, dass diese Änderung für alle nach dem 2.1.1960 geborenen Arbeitnehmer eine nachhaltige Verschlechterung bedeutet, da die bisherige »Rente wegen Berufsunfähigkeit« weggefallen ist. Dies bedeutet, dass auch der Berufsschutz für diese Beschäftigten weggefallen ist. Es kommt nunmehr nur noch auf die Leistungsfähigkeit pro Tag an. Kann der Arbeitnehmer länger

---

112 KR-Etzel, § 1 KSchG Rn. 327.

als drei, aber nicht länger als sechs Stunden arbeiten, kann er unabhängig vom erlernten und ausgeübten Beruf auf jede Tätigkeit auf dem allgemeinen Arbeitsmarkt verwiesen werden. Dabei kommt es nicht darauf an, ob in diesem Beruf auch tatsächlich eine Stelle zu finden ist, sondern nur darauf, ob er aufgrund seiner verbleibenden Leistungsfähigkeit in der Lage ist, diesen Beruf auszuüben. Für die vor dem 2. 1. 1960 Geborenen bleibt zwar der Berufsschutz erhalten, sie haben aber nur noch einen Anspruch auf die Hälfte der Rente, nicht mehr wie bisher auf $^2/_3$.

Die volle Erwerbsminderung, die wohl annähernd der bisherigen Erwerbsunfähigkeit entspricht, bedeutet nicht automatisch auch Arbeitsunfähigkeit. Bereits aus der Gesetzesformulierung ergibt sich, dass Erwerbsminderung nicht gleichzusetzen ist mit Arbeitsunfähigkeit. Auch bei der Erwerbsunfähigkeit war es möglich, dass der Arbeitnehmer seine geschuldete Arbeitsleistung hätte erbringen können.[113] Gleiches gilt jetzt bei Vorliegen einer vollen Erwerbsminderung. Damit ergibt sich auch, dass eine Kündigung nicht alleine auf die Feststellung der vollen Erwerbsminderung gestützt werden kann. Dies kommt nur dann in Betracht, wenn alle Voraussetzungen für eine krankheitsbedingte Kündigung, wie sie oben dargestellt wurden, vorliegen.[114] Dies gilt insbesondere bei den häufigen Fällen, in denen wohl auch in Zukunft Rente wegen voller Erwerbsminderung vom Rentenversicherungsträger nur auf Zeit bewilligt wird, um dann zu überprüfen, ob die Voraussetzungen für eine Weitergewährung noch vorliegen. Dies gilt selbstverständlich erst recht in den Fällen, in denen lediglich eine Rente wegen teilweiser Erwerbsminderung gewährt wird.

m) Gesundheitliche Bedenken

Bestehen beim Arbeitgeber Bedenken, dass sich bei der Weiterbeschäftigung des Arbeitnehmers dessen Gesundheitszustand verschlechtern wird, so stellt dies keinen Grund für eine »fürsorgliche« Kündigung dar.[115] Der Arbeitgeber ist verpflichtet, insoweit organisatorische Veränderungen (z.B. Versetzung, Änderungen am Arbeitsplatz, Veränderungen der Arbeitsorganisation) zu treffen. Lehnt der Arbeitnehmer aber den im Rahmen einer Umorganisation einzig für ihn freien Arbeitsplatz ab, da sich auf diesem Arbeitsplatz nunmehr sein Leiden verschlimmern würde, kann eine Kündigung in Betracht kommen.[116]

---

113 BAG vom 14. 5. 1986 – 8 AZR 604/84, EzA § 7 BUrlG Nr. 45; NZA 1986, 834.
114 KR-Etzel, § 1 KSchG Rn. 336.
115 Kittner/Däubler/Zwanziger, KSchR, § 1 KSchG Rn. 140.
116 BAG vom 6. 11. 1997 – 2 AZR 94/97, NZA 1998, 143.

Eine Beschäftigte hat – zu Recht – einen Arbeitsplatz abgelehnt, auf dem sich ihr Leiden nach der Zusammenlegung von Schweißerei und Presserei aufgrund der nunmehr herrschenden Lautstärke verschlimmert hätte. Das *BAG* hat in diesem Fall die Kündigung aus betrieblichen Gründen bestätigt.

Bei Verweigerung ärztlicher Untersuchungen, die notwendig sind, um die gesundheitliche Eignung – z.B. beim Umgang mit Nahrungsmitteln – festzustellen, wird eine Kündigung regelmäßig gerechtfertigt sein.[117]

Die Forderung des Arbeitgebers, sich einem Gentest zu unterziehen, dürfte rechtswidrig sein, da ein solcher Test eine Verletzung der grundrechtlich geschützten Menschenwürde darstellt. Die Verweigerung eines verlangten Tests kann damit nicht als Kündigungsgrund dienen.

n) Kur

Eine Kurbehandlung und die damit verbundene Fehlzeit stellt keinen, also auch keinen krankheitsbedingten Kündigungsgrund dar. Dies gilt auch für Alkohol- und Drogenentziehungskuren.[118]

War der Beschäftigte längere Zeit erkrankt und schließt sich an diese Erkrankung eine Kur an, so muss der Arbeitgeber vor einer Kündigung erst die Ergebnisse der Kur abwarten.[119] Die Kur soll ja gerade der vollständigen Wiederherstellung der Gesundheit und der Arbeitsfähigkeit dienen.

o) Einbuße der Leistungsfähigkeit

Eine Kündigung unter dem Stichwort »Leistungsunfähigkeit« kann in Betracht kommen bei Einbußen der Leistungsfähigkeit, die ihre Ursachen in einer Erkrankung haben. Ist dies der Fall, sind diese Kündigungen nach den allgemeinen Grundsätzen für krankheitsbedingte Kündigungen zu prüfen. Die Einbuße der Leistungsfähigkeit als solche stellt keinen Kündigungsgrund dar. Insoweit kann auf die obigen Ausführungen unter den verschiedenen Stichworten, die Ursachen einer Leistungsminderung sein können, verwiesen werden.

p) Schwangerschaft

Eine Schwangerschaft kann nicht als Begründung für eine krankheitsbedingte Kündigung herhalten. Zum einen ist eine Schwangerschaft keine Krankheit, zum anderen gilt § 9 MuSchG mit dem darin normierten Kündigungsverbot

---

117 Kittner/Däubler/Zwanziger, KSchR, § 1 KSchG Rn. 141.
118 KR-Etzel, § 1 KSchG Rn. 406.
119 Kittner/Däubler/Zwanziger, KSchR, § 1 KSchG Rn. 142.

während der Schwangerschaft und der danach liegenden Schonfrist. Zu Erkrankungen, die während und im Zusammenhang mit der Schwangerschaft auftreten, wird auf die Ausführungen auf Seite 40f. Bezug genommen.

q) Transsexualität

Auch Transsexualität ist für sich genommen kein Grund für eine krankheitsbedingte Kündigung. Spricht bereits vieles dafür, dass es sich bei Transsexualität nicht um eine Krankheit handelt,[120] wodurch es schon am Tatbestandsmerkmal der Krankheit fehlt, so dürfte darüber hinaus die Transsexualität selbst in der Regel keine erheblichen Belastungen für den Arbeitgeber auslösen.

Auch eine vollzogene Geschlechtsumwandlung stellt an sich keinen Kündigungsgrund dar. Probleme können jedoch im Hinblick auf nunmehr geltende Beschäftigungsverbote oder andere geschlechtsspezifische Anforderungen zur Erbringung der Arbeitsleistung auftreten, die nach erfolgter Geschlechtsumwandlung möglicherweise nicht mehr erfüllt werden können. Ggf. handelt es sich dann um eine personenbedingte, nicht jedoch um eine krankheitsbedingte Kündigung. Eine verhaltensbedingte Kündigung käme nur dann in Frage, wenn alle anderen Möglichkeiten, z.B. Versetzung oder Umschulung, ausscheiden.

Zu beachten ist in diesen Fällen auch das Diskriminierungsverbot des Art. 5 der Richtlinie 76/207 EWG. Der *EuGH* hat in einem Urteil[121] entschieden, dass die Entlassung einer Person, die beabsichtigt, sich einer Geschlechtsumwandlung zu unterziehen oder sich ihr bereits unterzogen hat, gegen die Richtlinie verstößt. Die betreffende Person wird durch diese Entlassung im Vergleich zu den Angehörigen des Geschlechts, dem sie vor dieser Operation zugerechnet wurde, schlechter behandelt. Ihre Entlassung ist unter diesen Umständen mit Art. 5 Abs. 1 der Richtlinie unvereinbar.

r) Wegeunfall

Offen ist bislang, wie Wegeunfälle bei krankheitsbedingten Kündigungen zu werten sind. Unstreitig stellt der Wegeunfall nach § 8 Abs. 2 Nr. 1 bis 4 SGB VII einen Arbeitsunfall dar.

---

120 Kittner/Däubler/Zwanziger, KSchR, § 1 KSchG Rn. 152a; a.A. Lepke, S. 111.
121 EuGH vom 30.4.1996 – Rs. C-13/94 (P/S und Cornwall County Council), EzA § 119 EWG-Vertrag Nr. 39.

Konsequenterweise hat das *Arbeitsgericht Berlin* in einem Urteil[122] entschieden, dass krankheitsbedingte Fehlzeiten aufgrund eines Wegeunfalls nicht zu berücksichtigen seien, da Wegeunfälle und andere Arbeitsunfälle gleich zu behandeln seien (siehe »Arbeitsunfall« Seite 54). Dagegen hat sich insoweit Widerstand geregt, als *Lepke*[123] diese Auffassung mit der Begründung verneint, daß Wegeunfälle nicht zu den Arbeitsunfällen im engeren Sinne gehören würden und deshalb kündigungsrechtlich nicht der Risikosphäre des Arbeitgebers zugerechnet werden könnten. Es fehle an der Verursachung durch eine unmittelbare betriebliche Tätigkeit des Arbeitnehmers. Dies vermag vor dem Hintergrund der klaren gesetzlichen Regelung des § 8 Abs. 2 SGB VII nicht zu überzeugen. Der Gesetzgeber hat die Wegeunfälle eindeutig den Arbeitsunfällen und damit der gesetzlichen Unfallversicherung zugeordnet. In die gesetzliche Unfallversicherung sind nach § 150 SGB VII – im Gegensatz zu den anderen Sozialversicherungen, in die Arbeitnehmer und Arbeitgeber einzahlen – nur die Arbeitgeber beitragspflichtig. Würde man dem Argument von *Lepke* folgen, dass es auf eine Verursachung des Unfalls durch eine unmittelbare betriebliche Tätigkeit des Arbeitnehmers ankomme, so wäre auch die Gewährung von Leistungen aus der Unfallversicherung für Wegeunfälle unverständlich. Es gibt keinen Grund für eine derart restriktive Auslegung des Gesetzeswortlauts. Soweit *Lepke* sich darauf bezieht, dass sich die Parteien in dem Verfahren vor dem *LAG Berlin* auf die vom Arbeitgeber beabsichtigte fristgerechte Kündigung verglichen haben, muss man wissen, dass dieses Verfahren nach dem von *Lepke* angegebenen Aktenzeichen offensichtlich vor der Kammer verhandelt wurde, der er selbst vorsaß.

Folgt man der richtigen Auffassung des *Arbeitsgerichtes Berlin*, so bedeutet dies, dass Wegeunfälle in aller Konsequenz wie Arbeitsunfälle zu behandeln sind. Es kann auf die dortigen Ausführungen (siehe Seite 54) verwiesen werden.

---

122 ArbG Berlin vom 9. 4. 1998 – 19 Ca 2693/98, n.v.
123 Lepke, S. 197.

III. Fristlose Kündigung des Arbeitgebers wegen Krankheit

1. Überblick

Nach § 626 BGB kann ein Arbeitsverhältnis dann ohne Einhaltung einer Frist, d. h. fristlos gekündigt werden, wenn ein wichtiger Grund vorliegt, dessentwegen dem Kündigenden unter Berücksichtigung aller Umstände des Einzelfalls und unter Abwägung der Interessen beider Vertragsteile die Fortsetzung des Beschäftigungsverhältnisses bis zum Ablauf der Kündigungsfrist oder bei befristeten Beschäftigungsverhältnissen bis zum vereinbarten Ende nicht zugemutet werden kann.

Eine fristlose Kündigung kann nach § 626 Abs. 2 BGB nur innerhalb einer Frist von zwei Wochen nach Kenntniserlangung des Kündigungsgrundes durch den Kündigungsberechtigten ausgesprochen werden.

Grundsätzlich kann ein Arbeitsverhältnis auch wegen in der Person des Beschäftigten liegender Gründe (= personenbedingte Kündigung) fristlos gekündigt werden. Wie oben ausgeführt (siehe Seite 23), ist eine Krankheit ein in der Person des Beschäftigten liegender Grund für eine Kündigung.

Eine fristlose Kündigung setzt auf Seiten des Gekündigten kein Verschulden voraus.[124]

Das wichtigste Problem bei der Anwendung des § 626 BGB ist, dass eine fristlose Kündigung nur bei Vorliegen eines solch schwer wiegenden Grundes rechtswirksam ausgesprochen werden kann, wenn deshalb die Fortsetzung des Arbeitsverhältnisses auch nur bis zum Ablauf der Kündigungsfrist für den Kündigenden, d. h. in der Regel den Arbeitgeber unzumutbar geworden ist. In der Praxis treten folgende wichtige Gründe häufig auf: Straftaten zu Lasten des Arbeitgebers, erhebliche Beleidigungen des Vorgesetzten, beharrliche Arbeitsverweigerung, eigenmächtiger Urlaubsantritt oder Urlaubsverlängerung. Diese kurze Zusammenstellung zeigt bereits, dass an den wichtigen Grund in § 626 BGB hohe Anforderungen zu stellen sind, damit er eine fristlose Kündigung rechtfertigen kann.

Fraglich ist nun, ob eine Krankheit und die damit verbundenen Fehlzeiten einen wichtigen Grund abgeben können, um eine fristlose Kündigung zu begründen. Dies wird man im Grundsatz verneinen müssen.[125] Grundsätzlich wird es dem Arbeitgeber bei einer krankheitsbedingten Kündigung zugemutet

---

124 ErfK-Müller-Glöge, § 626 BGB Rn. 42.
125 Kittner/Däubler/Zwanziger, KSchR, § 626 BGB Rn. 142.

werden können, die gesetzliche, die tarifvertragliche oder die einzelvertraglich vereinbarte Kündigungsfrist einzuhalten.[126] Dies ergibt sich auch daraus, dass, sollte im Fall einer langandauernden Krankheit der Beschäftigte im Zeitpunkt des Zugangs der Kündigung noch – was Kündigungsvoraussetzung in diesem Fall ist – krank sein, der Anspruch auf Lohnfortzahlung gemäß § 8 Abs. 1 EFZG unbeschadet der Kündigung für den gesamten Anspruchszeitraum, auch über das Beendigungsdatum hinaus fortbesteht. Dies gilt auch für die Fälle der Kündigung wegen häufiger Kurzerkrankungen.

In beiden Fällen belastet die Erkrankung den Arbeitgeber bis zum Ablauf der Kündigungsfrist nicht weiter, sodass eine Unzumutbarkeit nicht ersichtlich ist. *Däubler* geht damit zu Recht davon aus, dass eine außerordentliche Kündigung daher nicht nur in der Regel, sondern immer ausscheide.[127]

Soweit grundsätzlich die Möglichkeit auch einer fristlosen Kündigung, die auf krankheitsbedingte Gründe gestützt wird, bejaht wird,[128] wird dann aber doch eingeschränkt, dass eine Erkrankung des Arbeitnehmers die außerordentliche Kündigung nicht rechtfertigen könne, weil es dem Arbeitgeber durchweg zuzumuten ist, die Kündigungsfrist einzuhalten.[129]

Das *BAG* hat in einer neueren Entscheidung[130] ausgeführt, dass Krankheit nicht grundsätzlich als wichtiger Grund i.S. des § 626 BGB für eine außerordentliche Kündigung ungeeignet sei. In eng begrenzten Ausnahmefällen sei es möglich, dass dem Arbeitgeber die weitere Fortsetzung des Arbeitsverhältnisses mit einem erkrankten Arbeitnehmer unzumutbar sei. In diesem Fall hatte das *BAG* über die krankheitsbedingte Kündigung eines tariflich unkündbaren Arbeitnehmers zu entscheiden. Es hat entschieden, dass in solchen Fällen (vgl. Seite 62 ff.) eine außerordentliche Kündigung zulässig sein muss, im konkreten Fall jedoch das Vorliegen eines wichtigen Grundes verneint.

In einem früheren Urteil[131] hat das *BAG* ausdrücklich erklärt – auch hier ging es um einen nach Tarifvertrag unkündbaren Arbeitnehmer –, dass bei einer auf Krankheit gestützten Kündigung die Einhaltung der Kündigungsfrist eigentlich immer zumutbar sein dürfte. Deshalb könne eine fristlose Kündigung nur bei tarifvertraglicher oder einzelvertraglicher Unkündbarkeit in Betracht kommen.

---

126 Lepke, S. 245 f.
127 Kittner/Däubler/Zwanziger, KSchR, § 626 BGB Rn. 142; KR-Fischermeier, § 626 BGB Rn. 131.
128 ErfK-Müller-Glöge, § 626 BGB Rn. 129.
129 ErfK-Müller-Glöge, a.a.O.
130 BAG vom 12.7.1995 – 2 AZR 762/94, NZA 1995, 1100, 1101.
131 BAG vom 9.9.1992 – 2 AZR 190/92, NZA 1993, 598, 600.

Damit bleibt festzuhalten, dass krankheitsbedingte Gründe – bis auf den Ausnahmefall der unkündbaren Arbeitnehmer – eine fristlose Kündigung nicht rechtfertigen können. Bei einer solchen Kündigung ist es dem Arbeitgeber immer zuzumuten, den Ablauf der Kündigungsfrist abzuwarten.

2. Fristlose Kündigung bei unkündbaren Beschäftigten

Sowohl in Tarifverträgen als auch in Betriebsvereinbarungen sowie auch einzelvertraglich ist oft vereinbart, dass Beschäftigte, die entweder ein bestimmtes Alter erreicht haben, über eine bestimmte Betriebszugehörigkeit verfügen oder beides kombiniert, nicht mehr ordentlich kündbar sind. Dies führt zu der Situation, dass ein Beschäftigter, der unter den Unkündbarkeitsschutz fällt und in dessen Person die Voraussetzungen für eine ordentliche krankheitsbedingte Kündigung vorliegen (häufige Kurzerkrankungen, langanhaltende Erkrankung oder dauernde Leistungsunfähigkeit, negative Zukunftsprognose und daraus resultierende betriebliche Belastung), dennoch nicht mehr ordentlich kündbar ist. Da die fristlose Kündigung nicht auf eine Erkrankung gestützt werden kann, würde dies bedeuten, dass der Beschäftigte krankheitsbedingt überhaupt nicht mehr gekündigt werden kann.

In solchen Fällen lässt die Rechtsprechung[132] eine fristlose Kündigung zu. Dem Urteil vom 9. 9. 1992 lag der folgende Sachverhalt zugrunde:

Der am 25. 1. 1943 geborene Kläger war seit dem 11. 10. 1972 bei der Deutschen Bundesbahn als Arbeiter beschäftigt. Es galten im Arbeitsverhältnis die Bahn-Tarifverträge, insbesondere der Lohntarifvertrag (LTV). Der Kläger wies ab dem Jahr 1985 im Zuge mehrerer Erkrankungen jährlich Fehltage von 105 Tagen, 57 Tagen, 40 Tagen, 128 Tagen, 90 Tagen und 276 Tagen im Jahr 1990 (davon bis zum Ausspruch der Kündigung am 2. 10. 1990 186 Tage) auf. Die Lohnfortzahlungen summierten sich auf eine Höhe von 20 449,55 DM. Aufgrund einer Tauglichkeitsuntersuchung kam der zuständige Bahnarzt zu dem Ergebnis, dass auch in Zukunft mit hohen krankheitsbedingten Ausfallerscheinungen zu rechnen sei. Der Arbeiter war nach dem gültigen Tarifvertrag unkündbar. § 30 LTV regelte, dass unkündbaren Arbeitern nur dann krankheitsbedingt aus wichtigem Grund gekündigt werden könne, wenn die Vorraussetzungen für eine Versichertenrente gegeben seien, was beim damaligen Kläger unstreitig nicht der Fall war. Die Bundesbahn kündigte mit Schreiben vom 2. 10. 1990 aus wichtigem Grund mit einer sozialen Auslauffrist bis zum 31. 12. 1990, die später noch bis zum 30. 6. 1991 verlängert wurde. Der Kläger gewann in der ersten Instanz, verlor dann aber sowohl beim *LAG* als auch beim *BAG*.

---

132 BAG vom 9. 9. 1992 – 2 AZR 190/92, NZA 1993, 598; vom 12. 7. 1995 – 2 AZR 762/94, NZA 1995, 1100.

Das *BAG* führte im Wesentlichen aus, dass auch auf die Prüfung einer fristlosen krankheitsbedingten Kündigung die Grundsätze zur Prüfung einer ordentlichen krankheitsbedingten Kündigung[133] Anwendung finden. Weiter führte das Gericht aus, dass in begrenzten Ausnahmefällen bei unkündbaren Arbeitnehmern eine außerordentliche Kündigung ausnahmsweise in Betracht komme, ohne dies jedoch näher zu begründen.

Die Begründung hat das *BAG* dann in dem Urteil vom 12.7.1995[134] insoweit nachgeholt, als es lapidar feststellte, dass der Ausschluss der außerordentlichen Kündigung in derartigen Fällen dazu führen würde, dass z.B. bei dauernder Arbeitsunfähigkeit des Arbeitnehmers der Arbeitgeber an den Arbeitnehmer bis zum Erreichen der Pensionsgrenze Leistungen erbringen müsste, ohne dass von diesem noch eine brauchbare wirtschaftliche Gegenleistung zu erwarten wäre.

In dem konkreten Fall ging es um eine 1938 geborene Arbeiterin, die seit 1972 in einer Gießerei beschäftigt war und bei ihrer Tätigkeit als Kernputzerin Gewichte zwischen zwei und 30 Kilo heben und tragen musste. Es galten die Tarifverträge für Arbeiter und Angestellte der Metallindustrie Nordwürttemberg-Nordbaden. Danach war die Klägerin ordentlich unkündbar. Die Klägerin litt an einer Erkrankung der Wirbelsäule, welche zur Folge hatte, dass sie 1990 15 Arbeitstage und 1991 36 Arbeitstage fehlte. Weitere Fehltage waren auf eine ausgeheilte Bruchoperation zurückzuführen. Die Klägerin legte ein Attest vor, nach dem sie nur noch Gewichte bis zu zehn Kilo heben und tragen durfte. Der arbeitsmedizinische Dienst bestätigte diese Diagnose. Daraufhin kündigte der Arbeitgeber mit Schreiben vom 9.6.1993 außerordentlich mit einer sozialen Auslauffrist bis zum 31.12.1993. Die Klägerin erhob Kündigungsschutzklage und wies darauf hin, dass sie im Betrieb mit leichteren Arbeiten beschäftigt werden könne. Die Klägerin hat in allen drei Instanzen gewonnen.

Das *BAG* begründet dies im Wesentlichen damit, dass die Minderung der Leistungsfähigkeit zwar an sich geeignet sei, eine außerordentliche Kündigung zu rechtfertigen. Gerade aber im Fall einer tariflichen Unkündbarkeit, die der Alterssicherung der betroffenen Arbeitnehmer diene, sei es dem Arbeitgeber regelmäßig zumutbar, einen krankheitsbedingten Leistungsabfall des Arbeitnehmers durch andere Maßnahmen (z.B. Umsetzung, menschengerechte Gestaltung des Arbeitsplatzes, andere Aufgabenverteilung) auszugleichen. Schon nach dem Ultima-ratio-Prinzip sei deshalb in derartigen Fällen eine außerordentliche krankheitsbedingte Kündigung in der Regel unzulässig. Das *BAG* hat es offen gelassen, ob überhaupt bei einer solchen Konstellation Fälle denkbar seien, die eine fristlose Kündigung rechtfertigen.

---

133 BAG vom 9.9.1992, a.a.O.
134 BAG vom 12.7.1995, a.a.O.

Auch eine Alkoholkrankheit kann bei ansonsten unkündbaren Arbeitnehmern einen wichtigen Grund für eine außerordentliche Kündigung darstellen:

Der Kläger war als Heimerzieher innerhalb der Werkstatt für behinderte pflegebedürftige Menschen beschäftigt. Es fand der BAT Anwendung. Der Kläger war ordentlich nicht mehr kündbar. Er hatte in der Zeit vom 27.3.1991 bis 23.4.1991 wegen seiner Alkoholerkrankung eine stationäre Behandlung durchlaufen. Im Dezember erschien er mit Alkoholgeruch an seiner Arbeitsstelle. Er wurde darauf hingewiesen, dass er zukünftig nüchtern zum Dienst erscheinen müsse, der Suchtberater und die Amtsleitung wurden informiert. Am 11.3.1993 wurde eine erste auf die Alkoholerkrankung gestützte Kündigung ausgesprochen, die zurückgenommen wurde, nachdem sich der Kläger im Sommer 1993 einer mehrmonatigen Entziehungskur unterzog. Der Kläger besuchte nach der stationären Behandlung eine Gruppe der Anonymen Alkoholiker. 1995 wurde er dann rückfällig und erschien am 26.3.1995 alkoholisiert zum Dienst. Es kam dann zu mehreren weiteren – streitigen – Vorfällen. In der Zeit vom 6. bis 26.3.1996 unterzog sich der Kläger einer erneuten Behandlung. Er trat am 15.4.1996 seinen Dienst wieder an und erschien alkoholisiert. Er hat dem Vorhalt, nicht alkoholabstinent zu leben, nicht widersprochen. Die Arbeitgeberin kündigte mit Schreiben vom 30.4.1996 das Arbeitsverhältnis außerordentlich mit einer sozialen Auslauffrist bis zum 31.12.1996. Sie berief sich zur Begründung der Kündigung darauf, dass der Kläger alkoholkrank und wegen der daraus resultierenden Verhaltensweisen nicht mehr in der Lage sei, seiner Arbeitsverpflichtung als Erzieher nachzukommen. Der Kläger hat dies bestritten und meinte, das subjektive Empfinden, er habe eine Alkoholfahne gehabt, reiche nicht aus. Es hätte mittels eines Alkoholtestes objektiv festgestellt werden müssen, ob er Alkohol getrunken habe. Dies habe die Beklagte aber nicht von ihm verlangt. Die Kündigungsschutzklage wurde in allen drei Instanzen abgewiesen.[135]

Das *BAG* geht davon aus, dass auch eine Alkoholerkrankung einen wichtigen Grund bei ansonsten unkündbaren Arbeitnehmern darstellen könne. Es hat auch noch einmal betont, dass die Kündigung in den auch bei einer ordentlichen Kündigung anzuwendenden drei Schritten erfolgen müsse, wobei jedoch, da es sich um eine Suchterkrankung handele, geringere Anforderungen an die Zukunftsprognose zu richten seien. Insoweit hat sich das *BAG* im Rahmen seiner bisherigen Rechtsprechung bewegt. Wichtig sind jedoch die Ausführungen zum erforderlichen Alkoholtest. Hier hat das *BAG* ausgeführt, dass dem Arbeitgeber nicht vorgeschrieben werden könne, auf welche Art und Weise er eine Alkoholisierung des Arbeitnehmers nachweise. Der Wunsch nach einem Entlastungsbeweis durch eine Atemalkoholanalyse oder eine ärztliche Untersuchung müsse vom Beschäftigten an den Arbeitgeber herangetragen werden. Eine solche Kontrolle könne nicht nur zur Entlastung führen, sondern auch zur Belastung, wenn festgestellt werde, dass tatsächlich Alkohol getrunken worden sei. Der Arbeitgeber könne einen solchen Test auch wegen

---

135 BAG vom 16.9.1999 – 2 AZR 123/99, NZA 2000, 141.

des damit verbundenen Eingriffs in die Persönlichkeitsrechte des Arbeitnehmers nicht verlangen. Das *BAG* hat es jedoch offen gelassen, ob der Arbeitgeber einem solchen Wunsch des Arbeitnehmers im konkreten Fall folgen muss.

3. Prüfungsschema

Damit findet auch auf eine außerordentliche krankheitsbedingte Kündigung das Drei-Punkte-Schema, wie es oben dargestellt wurde (siehe Seite 23 f.), Anwendung.

Auf der ersten Stufe ist zunächst zu prüfen, ob der Sachverhalt, der der Kündigung zugrunde liegt, überhaupt geeignet ist, eine fristgerechte Kündigung zu rechtfertigen. Es liegt auf der Hand, dass ein Sachverhalt, der nicht für eine ordentliche Kündigung ausreicht, schon gar nicht eine außerordentliche Kündigung rechtfertigen kann.[136]

Insbesondere ist vor Ausspruch einer fristlosen Kündigung vom Arbeitgeber unabdingbar und sehr eingehend zu prüfen, ob nicht durch organisatorische Maßnahmen (z.B. Änderung des Arbeitsablaufs, Umgestaltung des Arbeitsplatzes, Umverteilung der Aufgaben) die Kündigung vermieden werden kann.[137] In derselben Entscheidung hat das *BAG* offen gelassen, ob im Fall einer Minderung der Leistungsfähigkeit überhaupt Fälle denkbar sind, in denen eine fristlose Kündigung möglich ist.[138]

Sind die Voraussetzungen für eine fristlose Kündigung wegen Krankheit eines ordentlich nicht mehr kündbaren Beschäftigten ausnahmsweise gegeben, so heißt dies nicht, dass er insoweit schlechter gestellt wird, als der Arbeitgeber ihn nunmehr sofort und ohne Frist entlassen könnte. Hier findet das für Nichtjuristen schwer nachzuvollziehende, aber zum Schutz der Beschäftigten notwendige Instrument der außerordentlichen Kündigung nach § 626 BGB unter Wahrung einer Frist (so genannte soziale Auslauffrist) Anwendung. Der Arbeitgeber kann den Arbeitnehmer nicht fristlos, sondern nur unter Wahrung einer Frist entlassen. Diese Frist muss mindestens so lange sein wie die Frist, die gelten würde, wenn die ordentliche Kündigung nicht ausgeschlossen wäre.[139] Dies ist in der Regel die längste Kündigungsfrist, die gesetzlich, tarifvertraglich oder aufgrund einzelvertraglicher Vereinbarung gilt.

---

136 Lepke, S. 248.
137 BAG vom 12.7.1995 – 2 AZR 762/94, NZA 1995, 1100.
138 BAG vom 12.7.1995 – 2 AZR 762/94, NZA 1995, 1100, 1101.
139 BAG vom 4.2.1993 – 2 AZR 469/93, EzA § 626 BGB Nr. 144.

Insgesamt ist zu berücksichtigen, dass bei diesen Arbeitnehmern, da ihnen ja gerade der für sie verstärkt geltende Kündigungsschutz genommen werden soll, besonders strenge Maßstäbe an das Vorliegen eines wichtigen Grundes nach § 626 BGB angelegt werden müssen.[140]

4. Außerordentliche Änderungskündigung

Wie oben bereits ausgeführt, kann die Beendigungskündigung immer nur das letzte Mittel sein. Besteht die Möglichkeit einer anderen Beschäftigung im Betrieb, so hat diese den Vorrang vor der Beendigung. Kann der Arbeitgeber den Beschäftigten nicht im Rahmen seines Direktionsrechts versetzen – z.B. weil es sich um eine andere Tätigkeit als die arbeitsvertraglich vereinbarte handeln würde –, so kommt auch eine fristlose Änderungskündigung in Betracht.[141] Diese Möglichkeit besteht auch und gerade bei Arbeitnehmern, die ordentlich nicht mehr kündbar sind. Auch hier gilt, dass in allen anderen Fällen der krankheitsbedingten Änderungskündigung dem Arbeitgeber das Abwarten der Kündigungsfrist – die auch bei Änderungskündigungen gilt – zumutbar sein wird.

Kommt eine Weiterbeschäftigung in Betracht, so hat dies der Arbeitgeber dem Arbeitnehmer von sich aus – ggf. im Rahmen einer Änderungskündigung – anzubieten und ihm auch unmissverständlich mitzuteilen, dass bei Ablehnung des Änderungsangebots eine fristlose Beendigungskündigung ausgesprochen wird.[142] Erst wenn der Arbeitnehmer dieses Weiterbeschäftigungsangebot unbedingt abgelehnt hat, wird die Beendigungskündigung wirksam. Hier ist die Frist des § 2 KSchG von maximal drei Wochen nach Zugang der Kündigung zu beachten. Das bedeutet, dass der Arbeitnehmer die Möglichkeit hat, innerhalb der 3-Wochen-Frist ab Zugang der Kündigung zum einen das Weiterbeschäftigungsangebot unter dem Vorbehalt, dass es sozial gerechtfertigt ist, anzunehmen, und zum anderen die so genannte Änderungsschutzklage zu erheben.

5. Kündigungsfrist nach § 626 Abs. 2 BGB

Nach § 626 Abs. 2 BGB muss und kann eine außerordentliche Kündigung nur innerhalb einer Frist von zwei Wochen, nachdem der Kündigungsberechtigte von den für die Kündigung maßgebenden Tatsachen Kenntnis erlangt hat,

---

140 Lepke, S. 255.
141 Kittner/Däubler/Zwanziger, KSchR, § 626 BGB Rn. 22; ErfK-Müller-Glöge, § 626 BGB Rn. 234.
142 ErfK-Müller-Glöge, § 626 BGB Rn. 59.

ausgesprochen werden. Wird diese Frist versäumt, ist die außerordentliche Kündigung schon wegen dieser Fristversäumnis unwirksam.

Nun bereitet es naturgemäß Probleme, diese Frist in den Fällen genau zu bestimmen, in denen nicht ein klar umrissenes Ereignis den Zeitpunkt des Kündigungsgrundes benennt, wie dies z.B. bei einer Beleidigung eines kündigungsberechtigten Vorgesetzten der Fall ist. Diese lässt sich auf Tag und Stunde genau bestimmen und damit ist auch der Fristbeginn genau bestimmt. Bei den uns hier interessierenden krankheitsbedingten Kündigungen lässt sich ein genauer Termin in der Regel nicht benennen. Damit kommt es entscheidend darauf an, wann der Kündigungsberechtigte umfassend und möglichst vollständig Kenntnis von allen für und – dies ist im Hinblick auf die Interessenabwägung wichtig – gegen die Kündigung sprechenden Tatsachen erlangt hat. Der Arbeitgeber kann zur Erlangung dieser Tatsachen auch eigene Ermittlungen anstellen. Solange er ermittelt, wird der Lauf der 2-Wochen-Frist gehemmt. Das heißt aber nicht, dass der Arbeitgeber mit seinen Ermittlungen die Frist beliebig verlängern kann. Er kann nur dann Ermittlungen anstellen, wenn dies zur Klärung des Sachverhalts überhaupt notwendig und nicht willkürlich ist.[143] Betreibt er die Ermittlungen nicht mit der notwendigen Eile, so läuft die Frist weiter.[144]

Hört der Arbeitgeber den Beschäftigten zur Ermittlung des Sachverhalts an, z.B. zur Frage der gesundheitlichen Entwicklung, der Bereitschaft, sich einer Entziehungskur zu unterziehen o.Ä., muss dies ebenfalls schnell, in der Regel in einem Zeitraum von nicht länger als einer Woche geschehen.[145]

Kenntnis erlangen muss der Kündigungsberechtigte. Dies sind alle diejenigen, die betriebsintern zum Aussprechen einer Kündigung befugt sind. Gleichgestellt sind dem Kündigungsberechtigten auch diejenigen, die zwar nicht selbst kündigen dürfen, jedoch beauftragt wurden, den Kündigungssachverhalt festzustellen und deren Stellung im Betrieb die Erwartung rechtfertigt, dass sie den Kündigungsberechtigten umgehend informieren werden.[146]

Überträgt man diese Überlegungen nunmehr auf die krankheitsbedingte Kündigung, so ist festzuhalten, dass die 2-Wochen-Frist dann zu laufen beginnt, wenn der Arbeitgeber oder sein kündigungsberechtigter Vertreter von den Tatsachen, die zu einer negativen Gesundheitsprognose führen, und um die daraus resultierenden betrieblichen Beeinträchtigungen weiß. Dies ist

---

143 KR-Fischermeier, § 626 BGB Rn. 331.
144 KR-Fischermeier, a.a.O.
145 Lepke, S. 258 f.
146 Kittner/Däubler/Zwanziger, KSchR, § 626 BGB Rn. 204 f.

ggf. nach Anhörung des Beschäftigten oder der Einholung eines ärztlichen Attestes der Fall. Mögliche Ermittlungen werden sich in der Praxis auf den Bereich der gesundheitlichen Entwicklung beschränken, da die betrieblichen Auswirkungen dem Arbeitgeber stets bekannt sein dürften.

Über einen Fall einer dauerhaften Erkrankung hat das *BAG*[147] entschieden.

Der am 14.6.1940 geborene Kläger war bei der Beklagten seit dem 3.6.1970 als Rohrschlosser beschäftigt. Es galt der Manteltarifvertrag für die gewerblichen Arbeitnehmer in der Niedersächsischen Metallindustrie. Nach diesem Tarifvertrag waren diejenigen Beschäftigten, die das 53. Lebensjahr vollendet hatten und über eine zwölfjährige Betriebszugehörigkeit verfügten, ordentlich nicht mehr kündbar. Der Kläger war nach längeren krankheitsbedingten Fehlzeiten vom Arbeitsmedizinischen Dienst der Berufsgenossenschaften untersucht worden. In einem Gutachten wurde festgestellt, dass er nicht mehr vollschichtig und lohnbringend auch nur für leichte körperliche Arbeiten einsetzbar wäre, er also dauernd krankheitsbedingt leistungsunfähig ist. Der Arbeitgeber hat daraufhin zunächst ordentlich gekündigt, jedoch übersehen, dass der Kläger vier Tage vor Zugang dieser Kündigung das 53. Lebensjahr vollendet hatte. Diese Kündigung hat er daraufhin zurückgenommen und stattdessen außerordentlich krankheitsbedingt gekündigt. Vor dem *Arbeitsgericht* und dem *LAG* hat der Kläger gewonnen, das *BAG* hat die Klage zu einer neuen Verhandlung zurückverwiesen.

Im Streit war in diesem Fall vor allem die Frage, ob die Ausschlussfrist von zwei Wochen eingehalten worden ist. Dies hat das *LAG* bejaht und auf das Gutachten der Berufsgenossenschaft, aber insbesondere auf die Vollendung des 53. Lebensjahres des Klägers hingewiesen. Spätestens seit diesem Zeitpunkt habe die Arbeitgeberin über alle für den Ausspruch der Kündigung notwendigen Tatsachen verfügt. Das *BAG* ist dieser Auffassung nicht gefolgt. Es hat wohl gemeint, dass die Ausschlussfrist des § 626 Abs. 2 BGB in einem solchen Fall überhaupt nicht angewendet werden könne, da sozusagen täglich die Probleme mit der krankheitsbedingten Fehlzeit neu entstünden. Der Arbeitgeber könne damit den Zeitpunkt für den Ausspruch der fristlosen Kündigung frei wählen, ohne auf die 2-Wochen-Frist Rücksicht nehmen zu müssen. Der Beschäftigte würde damit immer in der Unsicherheit leben, jederzeit fristlos gekündigt werden zu können. Dies widerspricht jedoch der Funktion der 2-Wochen-Frist, die ja gerade für beide Seiten zu einem gewissen Zeitpunkt Rechtssicherheit herstellen soll, indem sie den Ausspruch einer fristlosen Kündigung verhindert.

Will man auf das Ende der dauernden Leistungsfähigkeit als Fristbeginn abstellen,[148] überzeugt das logisch nicht. Entweder besteht ein Dauerzustand,

---

147 BAG vom 21.3.1996 – 2 AZR 455/95, NZA 1996, 871.
148 Lepke, S. 259.

der per definitionem kein Ende hat, dann kann auch nicht auf das Ende des Zustandes abgestellt werden, oder der Zustand hat ein Ende, sodass er eben kein Dauerzustand ist, sondern in die Gruppe der langanhaltenden Krankheit fällt.

Hier wird man als Fristbeginn auf den Zeitpunkt abstellen müssen, in dem die dauernde Leistungsunfähigkeit dem Arbeitgeber bekannt wird.[149] Erfolgen Änderungen in den Umständen, die den Arbeitgeber zunächst daran gehindert haben, eine Kündigung auszusprechen (z.B. Wegfall der Möglichkeit von Überbrückungsmaßnahmen), entstehen in diesem Zeitpunkt die Voraussetzungen für eine Kündigung und die Frist beginnt zu laufen.[150]

IV. Rechtsschutz bei arbeitgeberseitiger krankheitsbedingter Kündigung

1. Überblick

Auch bei einer krankheitsbedingten Kündigung steht dem Arbeitnehmer selbstverständlich der Weg zu den Arbeitsgerichten offen, um sich gegen die Kündigung zu wehren. Dabei kann er alle Rechtsverstöße geltend machen.

Will er sich gegen eine ordentliche krankheitsbedingte Kündigung zur Wehr setzen und geltend machen, dass diese deshalb rechtswidrig ist, da sie sich zu Unrecht auf das Vorliegen krankheitsbedingter Gründe stützt, ist Voraussetzung, dass das Kündigungsschutzgesetz gilt.

Dafür ist nach § 1 Abs. 1 KSchG zunächst Voraussetzung, dass das Arbeitsverhältnis im Zeitpunkt des Zugangs der Kündigung mindestens sechs Monate bestanden hat. Es kommt auf den rechtlichen Bestand, nicht auf eine ununterbrochene Beschäftigung an.[151] Deshalb sind z.B. krankheitsbedingte Unterbrechungen für die Berechnung dieser Wartezeit unschädlich, diese Zeiten zählen mit.

Für die Geltung des Kündigungsschutzgesetzes ist des Weiteren erforderlich, dass der Betrieb nach § 23 KSchG eine bestimmte Mindestgröße hat. Der Betrieb muss regelmäßig mehr als fünf Arbeitnehmer beschäftigen. Beschäftigt er genau fünf Arbeitnehmer, ist dies nicht ausreichend. Bei der Berechnung der Beschäftigten zählen Auszubildende nicht mit. Teilzeitbeschäftigte

---

149 Kittner/Däubler/Zwanziger, KSchR, § 626 BGB Rn. 215.
150 Ebenda.
151 Kittner/Däubler/Zwanziger, KSchR, § 1 KSchG Rn. 21.

mit einer wöchentlichen Arbeitszeit von bis zu 20 Stunden werden mit einem Anteil von 0,5 mitgerechnet, Beschäftigte mit einer Arbeitszeit von bis zu 30 Stunden mit einem Anteil von 0,75. Hat ein Betrieb also vier Vollzeitbeschäftigte und zwei Beschäftigte mit je 15 Wochenstunden, so ergibt dies nicht eine Beschäftigtenzahl von sechs, sondern von genau fünf (4 + 0,5 + 0,5). Damit gilt in diesem Fall das Kündigungsschutzgesetz nicht. Erhöht nun die eine Beschäftigte ihre Stundenzahl von 15 auf 25 Stunden in der Woche, ergibt dies eine rechnerische Beschäftigtenzahl von 5,25 (4 + 0,5 + 0,75). Jetzt gilt das Kündigungsschutzgesetz für die Beschäftigten. Auch wenn ein Beschäftigter, z. B. die Reinigungskraft, auch nur für eine sehr geringe wöchentliche Stundenzahl beschäftigt ist, so zählt sie doch immer mit 0,5 mit. Zu achten ist darauf, dass dies nur für Beschäftigte gilt, die beim gleichen Arbeitgeber angestellt sind. Kommt die Reinigungskraft als Beschäftigte einer beauftragten Firma, zählt sie bei der Berechnung der Beschäftigtenzahl nicht mit.

Nur in den Fällen, in denen das Kündigungsschutzgesetz gilt, kann man sich darauf berufen, dass die Voraussetzungen für eine personenbedingte Kündigung nicht vorliegen. Andere Angriffe gegen die Kündigung, z. B. eine nicht ordnungsgemäß eingehaltene Kündigungsfrist (die allerdings auch bei Vorliegen nicht zur Unwirksamkeit der Kündigung führt, sondern nur zur Verlängerung der Kündigungsfrist bis zu ihrem richtigen Ende) oder eine fehlerhafte Betriebsratsanhörung, können auch unabhängig von der Geltung des Kündigungsschutzgesetzes wirksam vorgebracht werden.

Eine Klage gegen die Kündigung, die sich auf das Kündigungsschutzgesetz beruft, muss nach § 4 KSchG binnen drei Wochen beim zuständigen Arbeitsgericht eingegangen sein. Es kommt – darauf sei ausdrücklich hingewiesen – auf den Eingang beim Arbeitsgericht, nicht auf die Absendung o. Ä. an. Nur in sehr wenigen Ausnahmefällen können verspätete Klagen nachträglich zugelassen werden. Hierauf kann niemand spekulieren. Will man sich nicht auf das Kündigungsschutzgesetz berufen, sondern andere Mängel der Kündigung, wie z. B. eine unterbliebene Anhörung des Betriebsrats, geltend machen, so gilt diese Frist nicht.

Grundsätzlich kann vor dem Arbeitsgericht auch ohne Anwalt geklagt werden. Insbesondere wenn die Einhaltung der 3-Wochen-Frist knapp wird, empfiehlt es sich, selber Klage einzureichen. Bei allen Arbeitsgerichten gibt es so genannte Rechtsantragstellen. Die dort beschäftigten Angestellten des Arbeitsgerichts nehmen eine Klage auf und sind im Regelfall auch hilfsbereit. Insgesamt ist jedoch anzumerken, dass eine Klage gegen eine krankheitsbedingte Kündigung angesichts der komplizierten Rechtslage in der Regel mehr Erfolg haben dürfte, wenn sie von einem Anwalt oder Gewerkschaftssekretär betrieben wird.

Der Vollständigkeit halber sei darauf hingewiesen, dass beim Arbeitsgericht in der ersten Instanz jede Partei – egal, ob sie gewinnt oder verliert – ihre Kosten, auch die Anwaltskosten, selber tragen muss. Für diejenigen, die das angesichts ihrer finanziellen Situation nicht können und die weder in einer Gewerkschaft sind, die solche Kosten übernimmt, noch eine Rechtsschutzversicherung haben, besteht die Möglichkeit, einen Antrag auf Prozesskostenhilfe zu stellen. Wird diesem Antrag entsprochen, werden die Kosten vom Staat übernommen.

2. Darlegungs- und Beweislast

Im Klageverfahren kommt es entscheidend darauf an, wer welche Tatsachen darlegen und beweisen muss.

Bei personenbedingten, also auch krankheitsbedingten Kündigungen trägt der Arbeitgeber zunächst die Darlegungs- und Beweislast. Er hat im Einzelnen und nachvollziehbar die Tatsachen darzulegen, aus denen die fehlende Eignung bzw. Fähigkeit des Arbeitnehmers zur Erbringung einer ordnungsgemäßen Arbeitsleistung folgt.[152] Das heißt, der Arbeitgeber muss zunächst darlegen und ggf. beweisen, dass beim Gekündigten eine der folgenden krankheitsbedingten Voraussetzungen vorliegt:

◆ langanhaltende Krankheit,
◆ häufige Kurzerkrankung mit Wiederholungsgefahr,
◆ krankheitsbedingte Minderung der Leistungsfähigkeit oder
◆ dauernde Leistungsunfähigkeit.

Darüber hinaus ist darzulegen und zu beweisen, dass aus der Krankheit unzumutbare betriebliche Beeinträchtigungen resultieren.

Kennt der Arbeitgeber die Ursachen der Krankheit nicht und gibt der Arbeitnehmer – wozu er auch nicht verpflichtet ist – keine Auskunft darüber, genügt der Arbeitgeber seiner Darlegungslast mit der Darlegung der bisherigen Fehlzeiten, die er jedoch nicht einfach pauschal behaupten darf, sondern die er genau nach Datum und Dauer aufschlüsseln muss. Oft werden zu diesem Zweck »Krankheitslisten« in den Personalakten der jeweiligen Beschäftigten geführt, die im Prozess vorgelegt werden. Es genügt dann die einfache Be-

---

152 KR-Etzel, § 1 KSchG Rn. 303.

hauptung des Arbeitgebers, dass diese Fehlzeiten auch in Zukunft andauern werden.[153]

Kennt der Arbeitgeber allerdings die Ursache der krankheitsbedingten Fehlzeiten, ist in aller Regel ein Gutachten einzuholen,[154] da es auch dem Arbeitgeber an medizinischem Sachverstand fehlen wird, um die negative Zukunftsprognose zu erstellen.

Beim Fall der langandauernden Erkrankung reicht es nicht aus, allein daraus, dass der Arbeitnehmer bereits lange krank ist, zu schließen, dass er eine negative Zukunftsprognose hat. Es gibt keinen Erfahrungssatz, aus der langanhaltenden Dauer der Arbeitsunfähigkeit in der Vergangenheit auf eine negative gesundheitliche Prognose schließen zu können.[155]

Hat der Arbeitgeber aber alles ordnungsgemäß dargelegt, ist es am Arbeitnehmer, nunmehr vorzutragen und ggf. zu beweisen, dass der Vortrag des Arbeitgebers nicht zutreffend ist. Sind dem Arbeitnehmer die Ursachen der Erkrankung und ihre vermutliche Entwicklung selbst nicht klar, genügt es, wenn er die Darstellung des Arbeitgebers bestreitet und die ihn behandelnden Ärzte von deren Schweigepflicht befreit.[156] Ggf. muss der Arbeitnehmer substantiiert vortragen, soweit ihm dies bekannt ist, weshalb mit seiner baldigen Gesundung und vollständigen Wiederherstellung seiner Leistungsfähigkeit zu rechnen ist, z.B. weshalb zukünftig nicht mit weiteren Kurzerkrankungen zu rechnen ist. Schweigt der Arbeitnehmer aber insgesamt zum Arbeitergebervortrag, so gilt dieser als zugestanden und muss vom Gericht der Entscheidung zugrundegelegt werden.

Hinsichtlich der Auswirkungen auf die betrieblichen Abläufe muss der Arbeitgeber nicht nur darlegen und beweisen, welche Auswirkungen eingetreten sind, er muss auch darlegen, welche Überbrückungsmaßnahmen er ergriffen hat und dass solche nicht mehr möglich oder nicht mehr zumutbar sind.[157] Hat er Überbrückungsmaßnahmen nicht ergriffen, z.B. Einstellung von Aushilfen, so hat er auch dies entsprechend vorzutragen.

Beruft sich der Arbeitgeber auf unzumutbare wirtschaftliche Belastungen, so gilt Entsprechendes. Es genügt nicht, wenn er lediglich die Höhe der Lohnfortzahlungskosten darlegt, er hat dies in Relation zu der Betriebsstruktur detailliert anzugeben.[158]

---

153 ErfK-Ascheid, § 1 KSchG Rn. 291.
154 Ebenda.
155 ErfK-Ascheid, § 1 KSchG Rn. 292.
156 KR-Etzel, § 1 KSchG Rn. 357.
157 Lepke, S. 242.
158 Lepke, S. 243.

Weiter hat der Arbeitgeber die durchschnittliche Fehlquote vergleichbarer Arbeitnehmer darzulegen, da hieraus Schlüsse auf die betrieblichen Belastungen gezogen werden können (siehe Seite 47).

Auch für die Unmöglichkeit einer anderweitigen Beschäftigung trifft den Arbeitgeber die Darlegungs- und Beweislast. Wird jedoch nachvollziehbar vorgetragen, dass keine solche Beschäftigungsmöglichkeit besteht, so hat nunmehr der Arbeitnehmer substantiiert darzulegen, welcher konkrete Arbeitsplatz und welche Tätigkeit für ihn in Frage kommen.

Im Fall einer fristlosen Kündigung hat der Arbeitgeber im vollen Umfang die Darlegungs- und Beweislast für alle Umstände des wichtigen Grundes.[159] Gleiches gilt für die Einhaltung der 2-Wochen-Frist des § 626 Abs. 2 BGB.

Wird die ordnungsgemäße Beteiligung des Betriebsrates bestritten, so muss der Arbeitgeber diese ebenfalls darlegen und beweisen.

3. Wiedereinstellungsanspruch

Wie oben bereits mehrfach ausgeführt (siehe Seite 24f.), kommt es im Rahmen der notwendigen negativen Prognose alleine auf den gesundheitlichen Zustand und dessen Beurteilung im Zeitpunkt des Zugangs der Kündigung an. Umstände, die nach diesem Zeitpunkt eintreten – auch z.B. eine Ausheilung der Krankheit, die nicht absehbar war –, können nicht zur Prognosekorrektur herangezogen werden.[160]

Dies bedeutet, dass sich der Arbeitnehmer auch dann, wenn sich eine im Zeitpunkt der Kündigung als zutreffend erachtete negative Prognose im Lauf des Kündigungsschutzverfahrens als falsch herausstellt, nicht darauf berufen und unter Verweis auf die gebesserte Gesundheit die Kündigung erfolgreich angreifen kann. Dies führt zum Ergebnis, dass das Arbeitsgericht die Klage in einem solchen Fall abweisen und die Kündigung bestätigen muss.

Das *LAG Hamm* hat sogar in einem Fall, in dem wegen langanhaltender Krankheit gekündigt wurde, entschieden, dass auch eine ärztliche Fehlbehandlung, die die Krankheitsdauer verlängert hat, nicht zu einer Prognosekorrektur führt.

Der den Kläger behandelnde Arzt hatte sich in einem ärztlichen Attest hinsichtlich der zu erwartenden Fehlzeiten geirrt. Das *LAG Hamm* hat in diesem Fall entschieden, dass es für die Prognose nicht darauf ankomme, ob der Beschäftigte bei fachgerechter Behandlung alsbald gesundet wäre. Entscheidend sei, ob der behandelnde Arzt eine Fortdauer der Behandlung at-

---

159 KR-Fischermeier, § 626 BGB Rn. 380.
160 BAG vom 29.4.1999 – 2 AZR 431/98, AiB 2000, 451 ff.

testiert habe. Auch die auf einer Fehldiagnose beruhende Arbeitsunfähigkeit könne danach zur sozialen Rechtfertigung der krankheitsbedingten Kündigung herangezogen werden.[161]

Um jedoch dieses unbefriedigende Ergebnis wenigstens korrigieren zu können, besteht allgemeine Übereinstimmung, dass der Arbeitnehmer in derartigen Fällen einen auch gerichtlich durchsetzbaren Anspruch auf Wiedereinstellung hat. Stellt sich also heraus, dass die Prognose falsch war, so hat der Arbeitnehmer einen **Wiedereinstellungsanspruch.**

Dies hat das *BAG* grundsätzlich in einem Fall entschieden, in dem der Arbeitgeber betriebsbedingt gekündigt hatte und es noch während des Laufs der Kündigungsfrist zu einem Betriebsübergang gekommen ist, sodass sich die Prognose, dass der Arbeitgeber am Ende der Kündigungsfrist keine Beschäftigungsmöglichkeit mehr für die Gekündigten habe, als falsch erwiesen hat.

Hier hat das *BAG* ausgeführt, dass dieser Fehler in der Prognose nichts an der Wirksamkeit der Kündigung ändere, dem Beschäftigten jedoch ein Anspruch auf Wiedereinstellung und damit auf Fortsetzung des Arbeitsverhältnisses zur Seite stehe.[162]

An dieses Urteil knüpft das *BAG* in seiner Entscheidung vom 29. 4. 1999[163] zu einer krankheitsbedingten Kündigung an.

In diesem Fall war die Klägerin am 17. 6. 1996 in einen Verkehrsunfall verwickelt, bei dem sie verletzt wurde. Zwischen den Parteien galt der BAT. Seit dem Verkehrsunfall war die Klägerin arbeitsunfähig krank. Zunächst wurde davon ausgegangen, dass die Klägerin im November 1996 ihre Tätigkeit wieder aufnehmen könne. Dazu kam es jedoch nicht. Am 4. 2. 1997 reichte die Klägerin ein Attest ein, aus dem sich ergab, dass sie weiter arbeitsunfähig erkrankt und nicht absehbar sei, wann mit der Wiedererlangung der Arbeitsfähigkeit zu rechnen sei. Eine neue Entscheidung sei für April 1997 vorgesehen. Die Arbeitgeberin kündigte daraufhin mit Schreiben vom 10. 2. 1997 zum 31. 3. 1997. Die BfA gewährte am 1. 12. 1997 eine zunächst bis zum 31. 10. 1998 befristete, später bis zum 30. 4. 1999 verlängerte Erwerbsunfähigkeitsrente.

Das Arbeitsgericht hat der Klage stattgeben, das *LAG* hat sie abgewiesen und das *BAG* gab ihr wieder statt. Das *BAG* begründete sein Urteil im Wesentlichen damit, dass im Zeitpunkt der Kündigung eine negative Prognose nicht vorgelegen habe. Der Arbeitgeber hätte vielmehr die neue Entscheidung im April abwarten müssen; der relativ kurze Zeitraum von Februar bis April hätte ihm zugemutet werden können. Es seien ihm noch Überbrückungsmaßnahmen zumutbar gewesen. Insbesondere könne der Arbeitgeber sich zur Bestä-

---

161 LAG Hamm vom 24. 6. 1999 – 8 Sa 2071/98, NZA 2000, 320.

162 BAG vom 27. 2. 1997 – 2 AZR 160/96, NZA 1997, 757, 758f.

163 BAG vom 29. 4. 1999 – 2 AZR 431/98, AiB 2000, 451.

tigung seiner negativen Prognose nicht darauf berufen, dass der Klägerin Erwerbsunfähigkeitsrente bewilligt worden sei, woraus sich ergebe, dass seine
negative Prognose im Ergebnis zutreffend gewesen sei. Es sei grundsätzlich
auf den Zeitpunkt der Kündigung abzustellen. In diesem Zeitpunkt habe aber
keine abschließende negative Prognose getroffen werden können. Eine Prognosekorrektur ginge hier zu Lasten der Beschäftigten. Das im damaligen Zeitpunkt noch offene Ergebnis würde im Nachhinein zu ihren Lasten verändert.
Dies hielt das *BAG* für unzulässig. Eine andere Betrachtungsweise würde für
beide Parteien – auch für die Arbeitnehmer, da ja auch Verschlechterungen
wie in diesem Fall berücksichtigt werden müssten – zu einem unkalkulierbaren Prozessrisiko führen. Im Folgenden hat das *BAG* noch einmal betont, dass
in den Fällen, in denen sich die Prognose während der Kündigungsfrist oder
später als falsch erweise, dem Arbeitnehmer ein Wiedereinstellungsanspruch
zustehe.

Zur Durchsetzung des Wiedereinstellungsanspruchs ist es notwendig, diesen unverzüglich, nachdem die fehlerhafte Prognose festgestellt wurde, geltend zu machen.

Ein Anspruch auf Wiedereinstellung besteht jedoch im Regelfall nur dann,
wenn sich die Prognose als soweit falsch herausstellt, als nunmehr von einer
positiven Gesundheitsprognose ausgegangen werden kann. Es genügt nicht,
wenn sich später Tatsachen ergeben, die die negative Gesundheitsprognose
lediglich erschüttern.[164]

In diesem Fall wurde dem Arbeitnehmer wegen häufiger Kurzerkrankungen gekündigt. Er
war seit 1990 bei der Beklagten als Packmaschinenführer beschäftigt. Er hatte 1993 42 Arbeitstage gefehlt, 1994 38 Arbeitstage, 1995 43 Arbeitstage und im Jahr 1996 bis zum Ausspruch der Kündigung am 24.4.1996 18 Arbeitstage. Die Arbeitgeberin zahlte für diese Ausfallzeiten einschließlich der Sozialabgaben Entgelt in Höhe von 32 347,24 DM. Es wurden
drei Gespräche mit dem Arbeitnehmer hinsichtlich der Fehlzeiten geführt. Dabei versprach er
zwar, die Fehlzeiten zu reduzieren, verschwieg jedoch seine seit Jahren bestehende Alkoholerkrankung. Von dieser erfuhr die Arbeitgeberin erst im Gütetermin des Kündigungsschutzprozesses. Der Arbeitnehmer hat im Verfahren vorgetragen, dass den Fehlzeiten verschiedene
Erkrankungen zugrunde gelegen hätten, eine von ihm durchgeführte nervenärztliche Behandlung habe zu der Erkenntnis geführt, dass er alkoholkrank sei. Er habe deswegen Selbsthilfeeinrichtungen aufgesucht und sei nunmehr trocken, sodass wegen seiner Alkoholerkrankung
nicht mit weiteren Fehlzeiten gerechnet werden müsse.

Der Kläger hat in allen drei Instanzen verloren. Das *BAG* führt zunächst aus,
dass die Kündigung wirksam sei und prüft dann, ob ein Wiedereinstellungs-

---

164 BAG vom 17.6.1999 – 2 AZR 639/98, NZA 2000, 1328.

anspruch gegeben sein könnte. Ein Wiedereinstellungsanspruch sei aber nur dann gegeben, wenn die Besorgnis weiterer Kurzerkrankungen völlig ausgeräumt sei. Im vorliegenden Fall sei zwar durch die Entziehungstherapie die ursprüngliche negative Prognose erschüttert, jedoch keine positive Prognose dahingehend begründet, dass die fortbestehende Alkoholkrankheit des Klägers künftig nicht mehr zum Ausbruch kommen und zu Fehlzeiten führen würde. Dass bei Alkoholikern auch nach einer zunächst erfolgreichen Entziehungskur eine hohe Rückfallquote bestehe, sei gerichtsbekannt und die Einholung eines Sachverständigengutachtens daher entbehrlich. Der für eine geänderte, d. h. positive Gesundheitsprognose als Voraussetzung eines eventuellen Wiedereinstellungsanspruches darlegungs- und beweispflichtige Kläger habe nicht vorgetragen, dass in seinem speziellen Fall kein ernstliches Rückfallrisiko mehr bestehe.[165] Das Gericht hat deshalb den Wiedereinstellungsanspruch abgelehnt.

Das *LAG Hamm* hat in dem oben geschilderten Fall der ärztlichen Fehlbehandlung und Fehldiagnose entschieden, dass es in Fällen, in denen im Zuge des Kündigungsschutzverfahrens die negative Prognose durch Sachverständigengutachten entkräftet wird, keiner positiven Prognose wie beim Wiedereinstellungsanspruch bedarf, sondern dass die Erschütterung der negativen Zukunftsprognose für einen Klageerfolg ausreiche.[166]

4. Betriebsratsanhörung

Nach § 102 BetrVG ist ein im Betrieb vorhandener Betriebsrat **vor jeder Kündigung** zu hören. Eine Kündigung, die ohne ordnungsgemäße Anhörung des Betriebsrates ausgesprochen wurde, ist alleine schon aus diesem Grund unwirksam.[167] Widerspricht der Betriebsrat der Kündigung, so hindert dies den Arbeitgeber – bis auf die Kündigung von Betriebsratsmitgliedern – nicht, trotzdem die Kündigung auszusprechen.[168]

Die lapidare Formulierung »ordnungsgemäße Beteiligung des Betriebsrates« birgt in der Praxis für den Arbeitgeber viele Fallstricke, wird doch damit zum Ausdruck gebracht, dass nicht jede Beteiligung des Betriebsrates, sondern eben nur die ordnungsgemäße, den Anforderungen des § 102 BetrVG als Voraussetzung für eine wirksame Kündigung gerecht wird.

---

165 BAG vom 17. 6. 1999 – 2 AZR 639/98, NZA 2000, 1328, 1331.
166 LAG Hamm, a.a.O.
167 Kittner/Däubler/Zwanziger, KSchR, § 102 BetrVG Rn. 43.
168 Kittner/Däubler/Zwanziger, KSchR, § 102 BetrVG Rn. 1.

Zu einer ordnungsgemäßen Anhörung bei personenbedingten Kündigungen, also auch bei einer krankheitsbedingten Kündigung, gehört die vollständige Information des Betriebsrates über alle Kündigungsgründe.

Wie bereits ausgeführt, setzt eine personenbedingte Kündigung voraus, dass

◆ eine negative Zukunftsprognose über die gesundheitliche Entwicklung besteht,

◆ daraus erhebliche betriebliche Beeinträchtigungen resultieren,

◆ es kein milderes Mittel als die Kündigung, z.B. Versetzung o.Ä., gibt und

◆ im Rahmen der Interessenabwägung festgestellt wurde, dass die Interessen des Arbeitgebers die Interessen des Arbeitnehmers am Erhalt seines Arbeitsplatzes überwiegen.

Der Betriebsrat ist über alle diese Punkte so umfassend zu informieren, dass er in die Lage versetzt wird, sich ein eigenes Bild darüber zu machen, ob die Kündigungsgründe tatsächlich vorliegen.[169] Er muss insbesondere die Tatsachen mitgeteilt bekommen, aus denen der Arbeitgeber seinen Kündigungsentschluss herleitet. Eine nur pauschale, schlag- oder stichwortartige Bezeichnung des Kündigungsgrundes genügt in der Regel ebenso wenig wie die Mitteilung eines Werturteils ohne Angabe der für die Bewertung maßgebenden Tatsachen.[170]

Dies bedeutet für krankheitsbedingte Kündigungen, dass in den Fällen, in denen die Kündigung auf häufige Kurzerkrankungen mit Wiederholungsgefahr gestützt wird, der Arbeitgeber dem Betriebsrat die einzelnen Fehlzeiten aus der Vergangenheit genau mitteilen muss. Verallgemeinerte oder zusammengefasste Daten, z.B. 40 Fehltage im Jahre 1996, 78 Fehltage im Jahr 1997, genügen nicht. Es ist notwendig, dass der Arbeitgeber mit den genauen Daten aufschlüsselt, in welcher Zeit der Beschäftigte arbeitsunfähig erkrankt war.[171] Sind ihm die Krankheitsursachen bekannt, so hat er auch diese mitzuteilen.[172]

Darüber hinaus müssen auch konkrete Tatsachen, aus denen sich die wirtschaftliche Belastung und die Betriebsbeeinträchtigung ergeben, mitgeteilt werden, sowie die Folgen aus möglichen zukünftigen Fehlzeiten, mit denen aufgrund der negativen Zukunftsprognose gerechnet werden muss.[173]

---

169 Kittner/Däubler/Zwanziger, KSchR, § 102 BetrVG, Rn. 43.
170 BAG vom 13.7.1978 – 2 AZR 17/76, AiB 1992, 570.
171 KR-Etzel, § 102 BetrVG Rn. 63.
172 KR-Etzel, a.a.O.
173 Kittner/Däubler/Zwanziger, KSchR, § 102 BetrVG Rn. 86.

Bei einer auf eine langanhaltende Erkrankung gestützten Kündigung sind dem Betriebsrat die Tatsachen mitzuteilen, aus denen sich die Prognose des zukünftigen Arbeitsausfalls und die daraus resultierenden wirtschaftlichen Belastungen ergeben.[174] Auch hier muss er, soweit ihm dies z. B. aus Attesten oder der Befragung des Arbeitnehmers oder dergleichen bekannt ist, die Ursachen der Erkrankungen und eventuelle Erkenntnisse über die gesundheitliche Entwicklung mitteilen.[175] Liegt der Erkrankung ein Arbeitsunfall zugrunde, so hat der Arbeitgeber dies ebenfalls mitzuteilen.

Im Hinblick auf die erforderlichen erheblichen betrieblichen Auswirkungen gilt das eben Ausgeführte in gleicher Weise.

Der Arbeitgeber hat ebenfalls alle die Interessenabwägung tragenden Tatsachen mitzuteilen. Hierzu gehört auch, weshalb eine Versetzung nicht möglich war oder weshalb nicht anderweitig eine Beschäftigungsmöglichkeit auf einem leidensgerechten Arbeitsplatz gefunden werden konnte. Dies schließt ggf. die Mitteilung ein, weshalb eine Beschäftigung auf einem Arbeitsplatz, der vom Arbeitnehmer vorgeschlagen wurde, nicht möglich war.

Will der Arbeitgeber die Kündigung ausschließlich auf die angefallenen Entgeltfortzahlungskosten stützen, so ist nach Auffassung des *BAG*[176] die Mitteilung der Höhe der angefallenen Entgeltzahlungen und die Mitteilung der zugrunde liegenden datumsmäßig aufgeführten Fehlzeiten ausreichend.

Im Fall einer Kündigung, die auf dauernde Leistungsunfähigkeit gestützt wird, muss der Arbeitgeber eine darüber hinausgehende erhebliche betriebliche Beeinträchtigung nicht darlegen. Eine solche Darlegung ist für den wirksamen Kündigungsausspruch nicht erforderlich, sodass der Arbeitgeber dies konsequenterweise auch nicht dem Betriebsrat mitteilen muss.[177]

Stützt er die Kündigung auf die gesundheitliche Nichteignung des Arbeitnehmers, so ist dem Betriebsrat lediglich das für die Nichteignung erhebliche Leiden mitzuteilen.[178]

Der Betriebsrat hat in den Fällen der ordentlichen Kündigung eine **Frist** von einer Woche, in den Fällen der fristlosen Kündigung eine Frist von drei Tagen **zur Stellungnahme**. Erst wenn die entsprechende Frist verstrichen ist oder der Betriebsrat vor Ablauf der Frist eine Stellungnahme abgegeben hat, kann die Kündigung ausgesprochen werden. Wird sie jedoch vor dieser Frist oder vor

---

174 FKHE, § 102 BetrVG Rn. 16.

175 Kittner/Däubler/Zwanziger, KSchR, § 102 BetrVG Rn. 86 m.w.N.

176 BAG vom 2. 11. 1989 – RzK III 1 b Nr. 13.

177 ErfK-Hanau/Kania, § 102 BetrVG Rn. 9.

178 KR-Etzel, § 102 BetrVG Rn. 63 b.

der Stellungnahme des Betriebsrates ausgesprochen, ist sie bereits aus diesem Grund unwirksam.

Tipp:
Ausdrücklich wird bei der Prüfung der Ordnungsgemäßheit einer Kündigung empfohlen, die Betriebsratsanhörung immer sorgfältig und ausführlich mitzuprüfen. In der Praxis stellt sich oft heraus, dass diese Anhörungen nicht ordnungsgemäß abgelaufen und deshalb die Kündigungen unwirksam sind. Eine Rücksprache mit dem Betriebsrat ist immer zu empfehlen. Hat der Betriebsrat einer Kündigung widersprochen, ist die schriftliche Stellungnahme des Betriebsrats dem Kündigungsschreiben beizufügen. Diese Stellungnahmen sind für den Kündigungsschutzprozess häufig sehr hilfreich.

3. Kapitel
Anfechtung des Arbeitsvertrages wegen Krankheit

In der Praxis passiert es nicht selten, dass der Arbeitgeber nicht nur eine Kündigung ausspricht, sondern zusätzlich auch den Vertrag anficht. Damit wird neben der Kündigung mit einer zweiten rechtlichen Begründung versucht, das Arbeitsverhältnis zu beenden. Nicht selten geschieht dies gerade im Zusammenhang mit Krankheiten, von denen der Arbeitgeber meint, dass sie vor der Einstellung hätten offenbart werden müssen. Es wird oft die Meinung vertreten, dass die Anfechtung gegenüber der krankheitsbedingten Kündigung mit ihren doch erheblichen Anforderungen an die Darlegungs- und Beweislast auf Seiten des Arbeitgebers ein Mittel sei, das den Arbeitgeber leichter zum Ziel, der Beendigung des Arbeitsverhältnisses mit dem Arbeitnehmer, führe.

Die Anfechtung ist neben der Kündigung möglich.[1] Das *BAG* sieht zwischen der Kündigung und der Anfechtung ein **Wahlrecht**, beide Möglichkeiten der Rechtsgestaltung können nebeneinander ausgeübt werden. Es ist deshalb sinnvoll, auch in diesem Buch auf die Anfechtung einzugehen. Grundsätzlich kann ein Arbeitsvertrag wie jeder andere zivilrechtliche Vertrag angefochten werden. Eine Anfechtung ist dann möglich, wenn die Voraussetzungen des

◆ § 119 BGB (Irrtum) oder
◆ § 123 BGB (Täuschung)

vorliegen.

I.   Anfechtung wegen Irrtums

Der Arbeitsvertrag kann in den uns hier interessierenden Fällen dann wegen Irrtums angefochten werden, wenn ein Irrtum über eine verkehrswesentliche Eigenschaft – so der zivilrechtliche Sprachgebrauch – des Arbeitnehmers vor-

---

1 BAG vom 21.2.1991 – 2 AZR 449/90, NZA 1991, 719, 721.

liegt. Der Gesundheitszustand kann zu diesen verkehrswesentlichen Eigenschaften gehören, über die ein Irrtum möglich ist.[2] Er gehört dann zu den verkehrswesentlichen Eigenschaften, wenn dem Arbeitnehmer nicht nur vorübergehend die notwendige Fähigkeit fehlt, die vertraglich übernommene Arbeit auch auszuführen, oder diese Fähigkeit jedenfalls erheblich beeinträchtigt ist.[3] In einem vom *BAG* entschiedenen Fall ging es um ein Arbeitsverhältnis eines an Epilepsie erkrankten Arbeitnehmers, der aufgrund dieser Krankheit in seiner Leistungsfähigkeit um mehr als 50 % gemindert war. Hier hat das *BAG* gemeint, dass dies grundsätzlich geeignet sei, einen wichtigen Grund für eine Anfechtung darzustellen. Ob ein wichtiger Grund im konkreten Fall vorliege, müsse in jedem Einzelfall geprüft werden.

Selbstverständlich ist, dass der Arbeitgeber bei der Einstellung nicht über das Vorliegen der Krankheit und der daraus folgenden Einschränkungen in Bezug auf die Leistungsfähigkeit des Arbeitnehmers informiert sein durfte. Wusste er um die Erkrankung, kann ein Irrtum darüber nicht mehr vorliegen.

Festzuhalten bleibt damit, dass Krankheit nur in **Ausnahmefällen** einen Anfechtungsgrund nach § 119 BGB wegen Irrtums darstellen kann, nämlich nur dann, wenn der Arbeitnehmer aufgrund dieser Krankheit nicht in der Lage ist, seiner Arbeitsverpflichtung überhaupt nachzukommen oder wenn dies nur in sehr geringem Umfang der Fall ist.

Eine Schwangerschaft stellt keinen Anfechtungsgrund nach § 119 BGB dar, sie ist keine Krankheit und damit keine Eigenschaft, sondern ein vorübergehender Zustand.[4] Die Schwerbehinderteneigenschaft kann nur dann eine verkehrswesentliche Eigenschaft darstellen und damit die Möglichkeit zur Anfechtung eröffnen, wenn der Arbeitnehmer aufgrund seiner Schwerbehinderung überhaupt nicht in der Lage ist, die Tätigkeit durchzuführen.[5] Daraus ergibt sich auch, dass die Anfechtung in den Fällen ausgeschlossen ist, in denen der Schwerbehinderte bereits einige Zeit die Arbeitsleistung erbracht hat.[6] Ist die Schwerbehinderteneigenschaft offenkundig, so kann ebenfalls kein Irrtum vorgelegen haben, der zur Anfechtung berechtigt.

Die Anfechtung muss vom Arbeitgeber **unverzüglich** erklärt werden. Dies bedeutet, dass maximal die Frist des § 626 Abs. 2 BGB von zwei Wochen ausgeschöpft werden kann. Diese Frist kann jedoch je nach Fall auch kürzer sein.

---

2 ErfK-Preis, § 611 BGB Rn. 479 f.
3 Schaub, § 35 Rn. 21.
4 ErfK-Preis, § 611 BGB Rn. 483.
5 Schaub, § 35 Rn. 22.
6 Lepke, S. 83.

Das *BAG*[7] hat deutlich gemacht, dass ein Fristablauf wegen Verzögerung auch schon vor Ablauf der 2-Wochen-Frist eintreten kann.

Gegen die Anfechtung kann der Arbeitnehmer sich vor den Arbeitsgerichten um Rechtsschutz bemühen und feststellen lassen, dass das Arbeitsverhältnis weiterbesteht.

II. Anfechtung wegen Täuschung

Die Anfechtung wegen Täuschung setzt voraus, dass
1. der Arbeitgeber eine zulässige Frage gestellt hat bzw. der Arbeitnehmer von sich aus verpflichtet gewesen wäre, bestimmte Tatsachen zu offenbaren;
2. der Arbeitnehmer die Frage bewusst falsch beantwort bzw. die Tatsache bewusst verschwiegen hat;
3. der Arbeitnehmer erkennen musste, dass die verschwiegene Tatsache für den Abschluss des Arbeitsvertrages wesentlich ist;
4. die verschwiegene Tatsache für die Begründung des Arbeitsvertrages ursächlich war,[8] d.h., dass der Arbeitgeber bei Kenntnis dieser Tatsache den Arbeitsvertrag nicht abgeschlossen hätte.

Zunächst ist festzuhalten, dass nur solche Fragen wahrheitsgemäß beantwortet werden müssen, die der Arbeitgeber zulässigerweise stellen darf, und nur solche Tatsachen offenbart werden müssen, zu deren Angabe der Arbeitnehmer von sich aus verpflichtet ist.

Fragen nach Krankheiten sind insgesamt nur **begrenzt zulässig**. So sind Fragen nach Krankheiten in der Vergangenheit, die ausgeheilt sind, unzulässig. Gleiches gilt für Fragen nach Krankheiten, die auf das Arbeitsverhältnis keine Auswirkung haben.[9] Werden solche unzulässigen Fragen gestellt, kann der Arbeitnehmer diese ohne nachteilige Folgen falsch beantworten, ihm steht insoweit ein »**Recht auf Lüge**« zu.[10]

Anders ist es bei Fragen nach solchen Erkrankungen, die Auswirkungen auf das Arbeitsverhältnis haben und die mit Sicherheit oder mit an Sicherheit grenzender Wahrscheinlichkeit die Eignung für den vorgesehenen Arbeitplatz

---

7 BAG vom 21.2.1991 – 2 AZR 449/90, NZA 1991, 719, 722.

8 Schaub, § 35 Rn. 35.

9 Kittner/Däubler/Zwanziger, KSchR, §§ 123, 124 BGB Rn. 25.

10 Kittner/Däubler/Zwanziger, KSchR, §§ 123, 124 BGB Rn. 11.

in erheblichem Umfang beeinträchtigen oder gar ausschließen.[11] Hier hat der Arbeitnehmer wahrheitsgemäß zu antworten. In der Literatur werden in diesem Zusammenhang Beispiele wie der an Rheuma erkrankte Bauarbeiter oder der an einem Bandscheibenschaden leidende Berufskraftfahrer angegeben.[12] Ebenso müssen ansteckende Erkrankungen offenbart werden. Eine beantragte Kur hingegen muss nicht mitgeteilt werden.[13] Unzulässig sind auch Fragen nach einer überwundenen Drogen- oder Alkoholabhängigkeit, ebenso die Frage nach einer HIV-Infektion. Dies gilt umfassend.[14] Anders ist der Fall gelagert, wenn die Erkrankung bereits ausgebrochen ist.

Die Frage nach einer bestehenden **Schwangerschaft** dürfte nach der neuesten Rechtsprechung des *EuGH*[15] ebenfalls umfassend **unzulässig** sein. Der *EuGH* hat entschieden, dass auch die Nichteinstellung einer Krankenschwester, die aufgrund der bestehenden Schwangerschaft und des damit verbundenen Beschäftigungsverbotes nicht vertragsgemäß hätte eingesetzt werden können, eine unzulässige Diskriminierung darstelle. Damit ist die Frage nach einer Schwangerschaft selbst in solchen Fällen unzulässig, mit der Folge des Nichtbestehens einer Offenbarungsverpflichtung, wenn die Schwangerschaft den Einsatz auf dem beabsichtigten Arbeitsplatz unmöglich macht.

Fragen nach der **Schwerbehinderteneigenschaft** sind grundsätzlich **zulässig** und müssen wahrheitsgemäß beantwortet werden. Dies gilt unabhängig davon, ob die Schwerbehinderteneigenschaft sich auf das Arbeitsverhältnis auswirkt oder nicht.[16]

In diesem Fall hat ein Schwerbehinderter, der u.a. an einer degenerativen Veränderung der Wirbelsäule, der Knieknorpel und an Ischialgien litt, die Frage im Einstellungsfragebogen nach der Schwerbehinderung wahrheitswidrig mit einem Nein beantwortet. Seit dem 20.2.1989 war er als Maschinenformer bei der Beklagten beschäftigt. In dieser Tätigkeit war er damit befasst, Sand in einen Formkasten zu kippen und diesen anschließend mit einem Pressluftstampfer zu bearbeiten. Dabei musste der Formkasten zum Teil manuell aus einer Vorrichtung genommen werden. Die Arbeit war zu 90 % im Stehen zu verrichten. Nach einer ärztlichen Untersuchung teilte der Arbeitnehmer dem Arbeitgeber Ende März 1992 seine Schwerbehinderung mit. Daraufhin focht dieser den Arbeitsvertrag wegen arglistiger Täuschung an.

Dagegen klagte der Arbeitnehmer nun und berief sich darauf, dass eine Eignungsuntersuchung stattgefunden und er die Tätigkeit drei Jahre lang tatsächlich durchgeführt habe. Er

---

11 Lepke, S. 87.

12 Kittner/Däubler/Zwanziger, KSchR, § 123, 124 BGB Rn. 25; Lepke, S. 87 f.

13 BAG vom 27.3.1991 – 5 AZR 88/90, DB 1991, 2144.

14 Vgl. dazu Seite 49 f.

15 EuGH vom 3.2.2000 – Rs. C-207/98 (Mecklenburg-Vorpommern), NZA 2000, 255.

16 BAG vom 11.11.1993 – 2 AZR 467/93, NZA 1994, 407.

habe auch bei der Einstellung nicht erkennen können, dass die Frage nach der Schwerbehinderung für den Arbeitsplatz von Relevanz wäre. Der Arbeitgeber wies darauf hin, dass der Kläger die ihm obliegende Tätigkeit nicht auf Dauer werde verrichten können, dies würde auch durch die nicht unerheblichen krankheitsbedingten Fehlzeiten in der Vergangenheit bestätigt. Der Kläger hat in allen drei Instanzen verloren.

Das *BAG* hat ausgeführt, dass es zunächst keine Verpflichtung des Schwerbehinderten gebe, von sich aus auf die Schwerbehinderung hinzuweisen, soweit ihm die angestrebte Tätigkeit trotz seiner Schwerbehinderung möglich ist. Dem Arbeitgeber stehe jedoch das Recht zu, nach einer Schwerbehinderung zu fragen; auf diese Frage habe der Arbeitnehmer unabhängig von den Auswirkungen auf die angestrebte Tätigkeit wahrheitsgemäß zu antworten. Die Zulässigkeit der Frage ergebe sich schon daraus, dass der Arbeitgeber insgesamt die Verpflichtung habe, niemanden ohne Not gesundheitlich zu gefährden. Darüber hinaus habe er auf Schwerbehinderte besondere Rücksichten zu nehmen. Die Beschäftigung von Schwerbehinderten habe auch betriebliche und wirtschaftliche Auswirkungen. Sei aus diesen Gründen die Frage aber zulässig, müsse sie auch wahrheitsgemäß beantwortet werden. Im konkreten Fall schließlich seien die Erkrankungen des Klägers so schwer wiegend gewesen, dass sie ihn für seine schwere körperliche Arbeit als nur eingeschränkt verwendbar erscheinen lassen. Die Leiden seien arbeitsplatzbezogen erheblich. Diese Rechtsprechung hat das *BAG* in einem Urteil vom 3.12.1998[17] ausdrücklich bestätigt.

Das neueste Urteil des *BAG* sieht dies offensichtlich etwas anders. Eine Anfechtung des Arbeitsvertrages wegen Täuschung infolge der unrichtigen Beantwortung der Frage nach dem Vorliegen einer Schwerbehinderteneigenschaft ist zwar grundsätzlich möglich, jedoch dann nicht erfolgreich, wenn die Schwerbehinderteneigenschaft offensichtlich ist. Das *BAG* hatte den folgenden Fall zu entscheiden:[18]

Der Beschäftigte war bei der Beklagten, einer Hard- und Softwarefirma, seit November 1997 als telefonischer Berater beschäftigt. Vor Abschluss des Arbeitsvertrages hatte er die ihm gestellte Frage nach einer Schwerbehinderung verneint. Tatsächlich hatte das Versorgungsamt bereits mit Bescheid vom 17.2.1989 bei dem Kläger »wegen der Funktionseinschränkung der Gliedmaßen und des Rumpfes bei angeborenem Minderwuchs« einen Grad der Behinderung von 100 festgestellt.

Am 3.8.1998 kündigte die Arbeitgeberin das Arbeitsverhältnis fristlos. Daraufhin berief sich der Kläger am 7.8.1998 auf seine Schwerbehinderung. Dies nahm die Beklagte zum Anlass, den Arbeitsvertrag mit Schreiben vom 17.8.1998 wegen arglistiger Täuschung anzufech-

---

17   BAG vom 3.12.1998 – 2 AZR 754/97, NZA 1999, 584.
18   BAG vom 18.10.2000 – 2 AZR 380/99.

ten. Nachdem die Beklagte im Laufe des Rechtsstreites die fristlose Kündigung mit Zustimmung des Klägers zurückgenommen hatte, hat der Kläger die Feststellung begehrt, dass das Arbeitsverhältnis über den 19.8.1998 hinaus fortbesteht. Er hat unter anderem geltend gemacht, seine Schwerbehinderung sei für die Beklagte erkennbar gewesen. Das *Arbeitsgericht* hat die Klage abgewiesen, das *LAG* und das *BAG* haben ihr zum Erfolg verholfen.

Das *BAG* hat ausgeführt, dass zwar grundsätzlich die unrichtige Beantwortung der Frage nach einer Schwerbehinderung die Anfechtung des Arbeitsvertrages wegen arglistiger Täuschung rechtfertigen könne. Dies setze jedoch voraus, dass der Getäuschte sich auf Grund der Täuschung in einem Irrtum befand. Im vorliegenden Fall habe sich der Arbeitgeber hierüber aber in keinem Irrtum befunden, da die Schwerbehinderung offensichtlich war. Damit lagen die Voraussetzungen für eine Anfechtung nicht vor.

Die Kritik gegen diese Rechtsprechung, soweit sie die Frage nach einer Schwerbehinderung für zulässig hält und eine wahrheitsgemäße Beantwortung verlangt, beruft sich – praktisch wohl zu Recht – darauf, dass die Zulässigkeit einer allgemeinen Frage nach der Schwerbehinderung ohne Arbeitsplatzbezug dazu führt, dass entgegen Art. 3 Satz 2 GG doch eine Benachteiligung Behinderter eintritt. Arbeitgeber scheuen erfahrungsgemäß vor der Einstellung Behinderter zurück und zahlen lieber die Ausgleichsabgabe, soweit die Voraussetzungen hierfür vorliegen.

Wird eine zulässige Frage falsch beantwortet oder wird eine zu offenbarende Tatsache verschwiegen, und war dies dem Arbeitnehmer bewusst, so hat er getäuscht. War diese Täuschung ursächlich für den Vertragsabschluss, kann der Vertrag angefochten werden.[19]

III. Besondere Mitteilungspflichten des Arbeitnehmers

Es wurde bereits ausgeführt, dass der Arbeitnehmer von sich aus und ungefragt nur solche Erkrankungen mitteilen muss, die sich auf die angestrebte Arbeit derart gravierend auswirken, dass er die elementarsten Anforderungen des Arbeitsplatzes bei objektiver Betrachtung nicht erfüllen kann (siehe Seite 82ff.).[20] Weiter besteht wohl zu Recht eine **Mitteilungspflicht** über ansteckende Krankheiten, soweit die Ansteckungsgefahr sich auch am Arbeitsplatz

---

19 Kittner/Däubler/Zwanziger, KSchR, §§ 123, 124 BGB Rn. 28f.
20 Lepke, S. 98.

realisieren kann. Kann es bei ordnungsgemäßer Erfüllung der Arbeit nicht zu einer Ansteckung kommen, besteht auch insoweit keine Offenbarungspflicht, wie dies z.B. bei einer HIV-Infektion gilt. Der Schwerbehinderte muss seine Schwerbehinderung ungefragt nur dann offenbaren, wenn er durch diese nicht in der Lage ist, seiner Arbeitsverpflichtung nachzukommen, darüber hinaus trifft ihn keine Mitteilungspflicht. Die Schwangere muss nach der neuesten *EuGH*-Rechtsprechung nunmehr wohl überhaupt nicht mehr auf ihre Schwangerschaft hinweisen, unabhängig davon, ob sich daraus Auswirkungen auf die Erbringung ihrer Arbeitsverpflichtung ergeben.

Verletzt der Arbeitnehmer die ihm obliegenden Mitteilungspflichten, steht dies einer Täuschung gleich und berechtigt den Arbeitgeber zur Anfechtung, soweit die übrigen Voraussetzungen vorliegen. Man kann also auch durch Schweigen täuschen.

Zu beachten ist, dass für die Anfechtung des Arbeitsvertrages wegen **Täuschung** nicht die 2-Wochen-Frist gilt, sondern dass die Anfechtung **innerhalb eines Jahres** seit Entdeckung der Täuschung erklärt werden kann.

4. Kapitel
Nebenpflichten während der Krankheit

I. Krankmeldung

Jeder weiß es, dennoch bereitet es in der Praxis immer wieder Probleme: Wer krank ist, muss sich beim Arbeitgeber krankmelden. Dies gilt für alle Arbeitnehmer, für Angestellte ebenso wie für Arbeiter. Die **Verpflichtung zur Krankmeldung** besteht auch dann, wenn kein Anspruch auf Entgeltfortzahlung gegeben ist. Der Arbeitnehmer ist selbst dann zur Krankmeldung verpflichtet, wenn der Arbeitgeber anderweitig über die Arbeitsunfähigkeit – z.B. bei einem Arbeitsunfall – informiert ist.

Tipp:
Als Grundregel kann damit festgehalten werden: Lieber einmal mehr und so früh wie möglich den Arbeitgeber über die Arbeitsunfähigkeit informieren. Das vermeidet Ärger.

Die rechtliche Grundlage für die Krankmeldung findet sich in § 5 EFZG. Danach ist der Arbeitnehmer verpflichtet, den Arbeitgeber unverzüglich über seine Arbeitsunfähigkeit zu informieren. Wenn die Erkrankung länger als drei Tage dauert, muss spätestens am darauf folgenden – also dem vierten – Tag eine ärztliche Bescheinigung vorgelegt werden. Bei einer Erkrankung von bis zu drei Tagen muss somit kein Arztbesuch erfolgen. Der Arbeitgeber kann aber auch bereits früher eine ärztliche Bescheinigung anfordern.

1. Unverzügliche Krankmeldung

Unabhängig davon, wie lange die Erkrankung dauert, muss der Arbeitnehmer den Arbeitgeber unverzüglich von seiner Arbeitsunfähigkeit informieren. Diese **Informationspflicht** besteht unbeschadet dessen, ob der Arbeitgeber möglicherweise bereits anderweitig über die Erkrankung informiert ist. Der Arbeitnehmer darf sich nicht darauf verlassen, dass der Arbeitgeber schon Bescheid weiß.

a)   Unverzüglichkeit

Was ist nun unverzüglich? Unverzüglich heißt, dass die Information so schnell, wie es im Einzelfall möglich ist, erfolgen muss. Dies bedeutet grundsätzlich, dass der Arbeitgeber zu Beginn der jeweiligen Arbeitsschicht informiert werden muss. Im Regelfall ist eine telefonische Information notwendig. Wer also krank ist und deshalb nicht zur Arbeit erscheint, muss den Arbeitgeber spätestens zum Arbeitsbeginn hiervon informieren. Ist man bereits an einem arbeitsfreien Tag erkrankt, darf mit der Krankmeldung nicht bis zum ersten Arbeitstag abgewartet werden. Die Information des Arbeitgebers hat dann vor dem ersten Arbeitstag, am besten am ersten Krankheitstag zu erfolgen. Grund hierfür ist, dass die Meldung der Arbeitsunfähigkeit dem Arbeitgeber die Möglichkeit geben soll, möglichst frühzeitig den Ausfall des Arbeitnehmers durch organisatorische Veränderungen, z. B. Versetzungen oder Einstellung von Aushilfskräften, aufzufangen. Deshalb hat der Arbeitgeber einen Anspruch darauf, sobald wie möglich informiert zu sein.

Dies bedeutet, dass die Information regelmäßig durch eine telefonische Nachricht erfolgen muss. Ist dies nicht möglich, so muss diese durch einen Boten erfolgen. Der erkrankte Arbeitnehmer muss demnach z. B. Verwandte oder Kollegen bitten, soweit ihnen dies zumutbar ist, diese Information zu überbringen. Auf keinen Fall genügt es, die Krankmeldung schriftlich mit der Post abzusenden, ohne vorher Bescheid gegeben zu haben. Verspätet ist eine Krankmeldung bereits dann, wenn sie erst nach einem Arztbesuch während des ersten Krankheitstages erfolgt.

Liegt eine so schwere Erkrankung vor, dass weder eine telefonische Nachricht noch die Beauftragung von Dritten erfolgen kann – z. B. nach einem schweren Unfall –, ist die Krankmeldung rechtzeitig, wenn sie unverzüglich dann erfolgt, wenn der Arbeitnehmer hierzu objektiv in der Lage ist.

b)   Wer ist zu informieren?

Über die Arbeitsunfähigkeit ist der **Arbeitgeber** zu informieren. Dies bedeutet nicht, dass eine Information nur gegenüber dem »Chef« ordnungsgemäß erfolgen kann. Die Information ist auch dann ordnungsgemäß, wenn sie gegenüber demjenigen erfolgt, der zur Entgegennahme solcher Mitteilungen berechtigt ist. Dies ist z. B. die Personalabteilung, der Vorgesetzte oder, in kleineren Firmen, das Sekretariat. Es genügt aber nicht, z. B. dem Pförtner oder der Telefonzentrale Bescheid zu geben.

c)   Was muss mitgeteilt werden?

Bei dieser ersten Mitteilung und ohne vorherigen Arztbesuch genügt es, dem Arbeitgeber mitzuteilen, dass man arbeitsunfähig erkrankt ist und wie lange diese Arbeitsunfähigkeit voraussichtlich andauern wird. Hierbei kann der erkrankte Arbeitnehmer die Dauer selbst schätzen. Irrtümer hinsichtlich dieser Schätzung sind unschädlich. Nach dem Arztbesuch muss der Arbeitnehmer allerdings die voraussichtliche Dauer der Erkrankung mitteilen, wie er sie vom Arzt genannt bekommen hat. Dies gilt auch dann, wenn diese Information bereits bei der ersten Krankmeldung vorliegt, z.B. weil der Notarzt aufgesucht wurde oder die Erkrankung an einem arbeitsfreien Tag aufgetreten ist und ein Arztbesuch bereits stattgefunden hat.

Über die **Art der Erkrankung** muss grundsätzlich **keine Mitteilung** gemacht werden. Der Arbeitgeber hat keinen Anspruch darauf, dass ihm Genaueres über die Krankheit oder gar die Diagnose mitgeteilt wird. Ausnahmen hiervon bestehen nur bei

◆ ansteckenden Erkrankungen, die vom Arbeitgeber Schutzmaßnahmen verlangen;

◆ Erkrankungen, bei denen Ansprüche gegenüber Dritten bestehen, z.B. bei unverschuldetem Unfall oder unverschuldeter Schlägerei. Hier gehen die Ersatzansprüche nach § 6 EFZG in Höhe der Lohnfortzahlung auf den Arbeitgeber über;

◆ Fortsetzungskrankheiten, die Einfluss auf die Lohnfortzahlung haben. Hier genügt aber eine Bescheinigung der Krankenkasse, dass eine erneute Erkrankung vorliegt, die unabhängig ist von der vorherigen Erkrankung. Auch hier hat der Arbeitgeber keinen Anspruch auf Mitteilung der Diagnosen.

2.   Krankheiten von mehr als drei Tagen Dauer

Stellt sich heraus oder ist bereits von Anfang an klar, dass die Krankheit länger als drei Tage andauert, kann es nicht bei der bloßen Mitteilung der Erkrankung bleiben. In diesen Fällen ist eine **ärztliche Bescheinigung** – der so genannte gelbe Schein – vorzulegen. Die Pflicht zur Vorlage der ärztlichen Arbeitsunfähigkeitsbescheinigung besteht immer dann, wenn die Krankheit über die **drei Kalendertage** hinaus andauert. Dann muss am **darauf folgenden Arbeitstag** die ärztliche Bescheinigung vorgelegt werden.

Das Gesetz unterscheidet insoweit zwischen Kalendertagen und Arbeitstagen. Kalendertage sind alle Tage, egal, ob an ihnen gearbeitet wird oder nicht, also auch Samstage, Sonntage und Feiertage. Arbeitstage sind die Tage, an denen der Arbeitnehmer zur Arbeit verpflichtet ist. Das bedeutet, dass in Arbeitsverhältnissen, in denen auch an Sonn- oder Feiertagen gearbeitet wird, der infrage kommende Arbeitstag auch ein Sonntag sein kann.

Beispiel:
Frau A arbeitet als Bedienung in einer Gaststätte, in der durchgehend gearbeitet wird. Sie ist in dieser Woche zum Dienst von Dienstag bis Freitag und am Sonntag eingeteilt. Sie erkrankt am Mittwoch. Zunächst nimmt sie an, dass sie bis zum Wochenende wieder gesund ist und am Sonntag arbeiten kann. Am Freitag erkennt sie, dass sie doch schwerer krank ist, und geht zum Arzt. Dieser schreibt sie zwei Wochen krank.

Ergebnis:
Frau A muss sich zunächst am Mittwoch telefonisch bei ihrem Arbeitgeber vor Dienstbeginn krankmelden. Dabei genügt es mitzuteilen, dass sie voraussichtlich am Sonntag wieder zur Arbeit kommen könne. Sie geht von einer Erkrankung, die lediglich drei Kalendertage andauert, aus. Nachdem sie erkannt hat, dass sie länger als drei Kalendertage krank sein wird, hat sie einen Arzt aufgesucht. Die von ihm ausgestellte Arbeitsunfähigkeitsbescheinigung muss sie ihrem Arbeitgeber spätestens am vierten Arbeitstag vorlegen. Dies ist in ihrem Fall der Samstag, da in der Gaststätte regelmäßig auch am Wochenende gearbeitet wird. Hierbei kommt es nicht darauf an, dass sie an diesem Samstag eigentlich nicht hätte arbeiten müssen.[1] Sie kann sich auch nicht darauf berufen, dass sie erst am Sonntag wieder hätte arbeiten müssen und dass es von daher genügen müsse, dass sie das Attest am Sonntag vorlegen wollte.

Abwandlung:
Würde Frau A nicht in einer Gaststätte arbeiten, sondern in einem Büro, das Samstag und Sonntag geschlossen ist, wäre Montag der vierte Arbeitstag (Mittwoch, Donnerstag, Freitag, Montag) und es würde genügen, dass die Bescheinigung an diesem Tag vorliegt. Wäre Frau A erst am Donnerstag erkrankt, würde sich daran nichts ändern. Die Erkrankung dauert auch dann länger als **drei Kalendertage** (Donnerstag, Freitag, Samstag), sodass sie die Bescheinigung ebenfalls am Montag vorlegen muss.

Wichtig ist, dass die Bescheinigung am vierten Arbeitstag während der üblichen Betriebszeiten beim Arbeitgeber eingeht. Das Absenden genügt nicht. Dafür, dass die genannte Frist eingehalten wird, trägt der Arbeitnehmer die Verantwortung. Es ist daher wichtig, Vorsorge dafür zu tragen, dass hier nichts schief geht. Man kann sich auch nicht darauf berufen, dass die Post am Sonntag nicht ausgetragen wird oder dass der Briefkasten nicht mehr gelehrt wurde. Kann auf dem Postweg nicht sichergestellt werden, dass die Bescheinigung rechtzeitig eingeht, muss jemand beauftragt werden, das Attest rechtzeitig beim Arbeitgeber abzugeben.

---

1 Lepke, S. 369.

3. Frühere Attestvorlage

Nach § 5 Abs. 1 Satz 3 EFZG kann der Arbeitgeber auch vor Ablauf der 3-Tages-Frist die Vorlage einer ärztlichen Bescheinigung verlangen. Dieses Verlangen muss er nicht begründen, es ist auch nicht vom Vorliegen irgendwelcher Gründe abhängig. Für das Verlangen einer Attestvorlage vor Ablauf der 3-Tages-Frist hat der Arbeitgeber zwei Möglichkeiten:

Im Arbeitsvertrag, in einer Betriebsvereinbarung oder im Tarifvertrag[2] kann vereinbart oder einseitig angeordnet werden, dass der Arbeitnehmer in jedem einzelnen Fall zur Vorlage einer Arbeitsunfähigkeitsbescheinigung **ab dem ersten Tag** verpflichtet ist.

Die einseitige Anordnung des Arbeitsgebers, unabhängig von der Dauer der Arbeitsunfähigkeit generell vor Ablauf des dritten Kalendertages nach Beginn der Arbeitsunfähigkeit eine ärztliche Bescheinigung vorzulegen, ist nach § 87 Abs. 1 Nr. 1 BetrVG mitbestimmungspflichtig.[3] Eine ohne Mitbestimmung des Betriebsrates erlassene allgemeine Anweisung macht einen etwaigen Verstoß gegen die Attestvorlagepflicht unbeachtlich. Er kann nicht für arbeitsrechtliche Maßnahmen herangezogen werden.

Tipp:
Es ist deshalb in solchen Fällen immer notwendig, sich beim Betriebsrat zu erkundigen, ob er bei einer derartigen Anordnung beteiligt wurde.

Der Arbeitgeber kann die Vorlage aber auch in Einzelfällen verlangen. Wählt der Arbeitgeber diesen Weg, so ist umstritten, ob der Arzt ab dem ersten oder ab dem zweiten Tag die Arbeitsunfähigkeit bescheinigen muss. Das *BAG*[4] hat dazu bisher lediglich entschieden, dass der Arbeitnehmer sich einer ärztlichen Untersuchung so rechtzeitig unterziehen muss, dass es dem Arzt möglich ist, die Arbeitsunfähigkeit bereits für den ersten Tag zu attestieren.

In dem dort entschiedenen Fall war arbeitsvertraglich vereinbart, dass eine Arbeitsunfähigkeitsbescheinigung mit Beginn der Krankheit innerhalb von drei Tagen vorzulegen ist. Die Klägerin erkrankte und meldete sich sowohl am 6.12.1994 als auch am 7.12.1994 telefonisch krank, legte jedoch keine ärztliche Bescheinigung vor. Die Arbeitgeberin weigerte sich, Lohnfortzahlung zu leisten. Die Zahlungsklage wurde abgewiesen.

Aus dieser Entscheidung kann jedoch nicht der Schluss gezogen werden, dass in jedem Fall, in dem der Arbeitgeber eine vorzeitige Vorlage der Arbeitsunfähigkeit verlangt, bereits ab dem ersten Tag eine Arbeitsunfähigkeitsbescheini-

---

2 Z.B. § 37a BAT.
3 BAG vom 25.1.2000 – 1 ABR 3/99, NZA 2000, 665.
4 BAG vom 1.10.1997 – 5 AZR 726/96, NZA 1998, 369.

gung vorgelegt werden muss. Im obigen Fall war diese Verpflichtung arbeitsvertraglich vereinbart. Besteht eine solche arbeitsvertragliche Verpflichtung jedoch nicht, verlangt aber der Arbeitgeber – wie dies oftmals geschieht – bereits am ersten Tag der Arbeitsunfähigkeit die Vorlage einer ärztlichen Bescheinigung, kann es für den Beschäftigten häufig unmöglich sein, noch am gleichen Tag den Arzt aufzusuchen. Andererseits wird von dem behandelnden Arzt unter Umständen nicht verlangt werden können, dass er ohne Untersuchung am ersten Tag attestiert, dass seitdem eine Arbeitsunfähigkeit vorgelegen hat.

Bei einem individuellen Verlangen, also dann, wenn keine generelle Vorlage vereinbart wurde, ist der Arbeitgeber an keine Form gebunden, es bedarf auch keines Grundes und keiner Begründung. Allerdings muss der Arbeitgeber einige Grenzen beachten: Er darf bei seinem Vorlageverlangen nicht gegen den **arbeitsrechtlichen Gleichbehandlungsgrundsatz** verstoßen.[5] Das bedeutet, dass er nicht willkürlich von einzelnen Arbeitnehmern die Vorlage verlangen darf und dies bei anderen unterlässt. Will er differenzieren, so muss er dafür einen sachlichen Grund haben. Dieser dürfte nicht darin bestehen, dass der eine Arbeitnehmer häufiger krank ist als der andere. Bestehen Zweifel an der Erkrankung selbst, stehen ihm andere Möglichkeiten der Überprüfung zur Verfügung (siehe Seite 99 ff.). Stichproben sollen jedoch ebenso möglich sein wie ein zeitlich begrenztes generelles Verlangen der Vorlage der Bescheinigung ab dem ersten Tag. Ein solches Verlangen wäre dann wieder gemäß § 87 Abs. 1 Nr. 1 BetrVG mitbestimmungspflichtig.

Zu beachten ist auch die Vorschrift des § 315 Abs. 1 BGB.[6] Das *BAG* hat ausgeführt, dass der Arbeitgeber dann, wenn er die frühere Vorlage des Attestes verlangt, billiges Ermessen (§ 315 Abs. 1 BGB) beachten muss. Er darf nicht schikanös oder willkürlich von diesem Vorlageverlangen Gebrauch machen.

Auch für den Fall, dass der Arbeitnehmer während der Arbeitszeit einen Arzt aufsuchen will, kann der Arbeitgeber zum Nachweis dafür, dass dieser Arztbesuch tatsächlich stattgefunden hat, die Vorlage eines Attestes verlangen.

Die Zeit zum Arztbesuch ist vom Arbeitgeber in der Regel zu gewähren. Dies gilt nicht nur dann, wenn der Arztbesuch aufgrund eines Arbeitsunfalls notwendig wird, sondern auch dann, wenn der Arzt einen Untersuchungstermin während der Arbeitszeit anberaumt und der Arbeitnehmer auf diese Terminsgestaltung keinen Einfluss hat.[7]

---

5 Kunz/Wedde, EFZR, § 5 Rn. 25.

6 Siehe Fn 3.

7 Lepke, S. 372 f.

4.   Inhalt der Arbeitsunfähigkeitsbescheinigung

Die Arbeitsunfähigkeitsbescheinigung ist an **keine Form** gebunden. In der Praxis wird üblicherweise ein **Vordruck** nach § 28 Bundesmantelvertrag-Ärzte verwendet. Dazu besteht jedoch keine Verpflichtung. Der Arzt kann auch jede andere Form, z.B. ein Blankoschreiben, verwenden. Der Arbeitgeber muss also auch Atteste akzeptieren, die nicht dem üblichen Vordruck entsprechen.

Das Attest kann nur ein **zugelassener Arzt** ausstellen, wobei es dem Arbeitnehmer freisteht, welchen Arzt er aufsucht. Der Arbeitgeber kann die freie Arztwahl nicht einschränken, indem er nur Atteste bestimmter Ärzte akzeptiert. Die Bescheinigung muss den ausstellenden Arzt erkennen lassen. Darüber hinaus muss das Attest erkennen lassen, für welchen Patienten es ausgestellt ist.[8]

Des Weiteren darf die Bescheinigung nur die Mitteilung, dass Arbeitsunfähigkeit besteht, und deren voraussichtliche Dauer enthalten. Einen Anspruch auf weitere Mitteilungen, z.B. die Diagnose oder die Ursachen einer Krankheit, hat der Arbeitgeber nicht. Ein solcher Anspruch kann auch nicht durch vertragliche Vereinbarung hergestellt werden. Dies würde einen unzulässigen Eingriff in die geschützte Privatsphäre des Arbeitnehmers darstellen.[9]

Fehlt eine der notwendigen Angaben auf der Arbeitsunfähigkeitsbescheinigung, kann der Arbeitgeber diese zurückweisen und vom Arbeitnehmer die Vorlage einer ordnungsgemäß erstellten Bescheinigung verlangen.[10] Allerdings ist dies in der Praxis angesichts der übersichtlichen und einfach auszufüllenden Vorlagen ausgesprochen selten.

5.   Kosten der Arbeitsunfähigkeitsbescheinigung

Die Kosten für die Ausstellung des Attestes übernimmt nach § 85 SGB V die Krankenkasse. Dem Patienten oder dem Arbeitgeber dürfen keine Kosten entstehen. Dies gilt auch für Folgebescheinigungen nach Ablauf der Frist für die Lohnfortzahlung.

---

8 ErfK-Dörner, § 25 EFZG Rn. 25.
9 Lepke, S. 375.
10 ErfK-Dörner, § 5 EFZG Rn. 24.

6. Folgebescheinigung

Hält die Arbeitsunfähigkeit über den zunächst diagnostizierten und bescheinigten Zeitraum hinaus an, so muss der Arbeitnehmer nach § 5 Abs. 1 Satz 4 EFZG oder den insoweit fast wortgleichen tarifvertraglichen Regelungen eine Folgebescheinigung vorlegen. Wann diese Folgebescheinigung dem Arbeitgeber vorgelegt werden muss, ist gesetzlich nicht geregelt. Die Frage ist bislang gerichtlich auch nicht abschließend entschieden. Zum einen wird die Auffassung vertreten, dass die Bescheinigung in analoger Anwendung der § 5 Abs. 1 Satz 2 EFZG entsprechenden Frist für die Erstbescheinigung vorgelegt werden muss,[11] zum anderen wird die Auffassung vertreten, dass die Bescheinigung vorgelegt werden muss, sobald feststeht, dass die Arbeitsunfähigkeit länger als ursprünglich gedacht besteht, spätestens jedoch am ersten Arbeitstag nach Ablauf der vorhergehenden Arbeitsunfähigkeitsbescheinigung.[12]

7. Beweiswert der ärztlichen Arbeitsunfähigkeitsbescheinigung

In der öffentlichen Diskussion stehen die ärztlichen Arbeitunfähigkeitsbescheinigungen immer wieder in der Kritik. Den Ärzten wird unterstellt, dass sie allzu häufig und allzu schnell eine Arbeitsunfähigkeit bescheinigen und damit dem »Krankfeiern« Vorschub leisten würden. Es gibt Behauptungen, wonach ein Drittel aller krank geschriebenen Arbeitnehmer Simulanten seien; es gibt auch Behauptungen, wonach es 3 % bis 5 % Missbrauchsfälle gebe.[13] Alleine diese Spannbreite des angeblichen Missbrauchsverhaltens zeigt, dass es sich eher um eine ideologisch gespeiste als um eine seriöse Debatte handelt. Sicher ist, dass es zur Vorlage von Arbeitsunfähigkeitsbescheinigungen kommt, ohne dass tatsächlich eine Arbeitsunfähigkeit vorliegt. Ob es sich dabei allerdings wirklich um das behauptete Massenphänomen handelt, mag dahingestellt bleiben. Es wäre aber auch verwunderlich, wenn es bei einem Krankenstand in der Bundesrepublik von ca. 4 % bis 5 % nicht auch zu Missbrauchsfällen kommen würde, genauso wie es auch auf Arbeitgeberseite immer wieder zu Betrugsfällen gegenüber den Beschäftigten kommt. Zudem darf auch nicht vergessen werden, dass hohe Krankheitsraten in der Regel

---

11 ErfK-Dörner, § 5 EFZG Rn. 45 ff.; Kunz/Wedde EFZR § 5 Rn. 61.

12 Lepke, S. 374.

13 Zitiert nach Lepke, S. 378 ff.

auch ein Anzeichen dafür sind, dass die Belastungen durch die Arbeit und die Arbeitsumgebung »krankmachend« sind. Oft hat eine Verbesserung des Betriebsklimas nachhaltiger für die Senkung des Krankenstandes gesorgt als eine Vielzahl von Kontrollen.

Unberührt von dieser Debatte ist die ärztliche Arbeitsunfähigkeitsbescheinigung sowohl außergerichtlich als auch im gerichtlichen Verfahren der gesetzlich vorgesehene Nachweis dafür, dass eine Arbeitsunfähigkeit vorliegt. Ihr kommt eine **Richtigkeitsvermutung** zu; sie hat im Rahmen der Beweiswürdigung vor Gericht einen **hohen Beweiswert**.[14] Eine ärztliche Arbeitsunfähigkeitsbescheinigung hat die Vermutung der Richtigkeit für sich. Dies bedeutet, dass der Arbeitnehmer, soweit der Arbeitgeber das Vorliegen einer Krankheit bestreitet, sich zunächst darauf beschränken darf zu behaupten, dass der Arzt die Arbeitsunfähigkeitsbescheinigung ordnungsgemäß ausgefüllt habe. Es ist Sache des Arbeitgebers, den Beweiswert der ärztlichen Bescheinigung zu erschüttern. Dies kann er nur dadurch, dass er selbst Tatsachen vorträgt und beweist, die ernsthafte Zweifel an der Richtigkeit der Bescheinigung wecken.[15] Die bloße Behauptung, dass keine Krankheit vorliege, reicht nicht aus.

Erst wenn es dem Arbeitgeber gelungen ist, derartige ernsthafte Zweifel durch seinen Vortrag zu wecken, ist es am Arbeitnehmer nunmehr seinerseits den Beweis für die Richtigkeit der ärztlichen Bescheinigung zu führen. Dies kann er z.B. dadurch, dass er vorträgt, an welcher Krankheit er gelitten hat, welche Medikamente ihm verschrieben wurden, welche Einschränkungen durch die Krankheit verursacht wurden. Die Vernehmung des Arztes als Zeuge und die Vorlage der Patientenkartei kommen dabei regelmäßig als Beweismittel, die weitere Sachaufklärung versprechen, in Betracht.[16] Dieser Entscheidung lag der folgende Sachverhalt zugrunde:

Ein Arbeitnehmer war mit einer 40-Stunden-Woche bei der M-AG beschäftigt und führte Schlosserarbeiten durch. Die Arbeitszeit war an fünf Tagen in der Woche jeweils von 7 Uhr bis 16.15 Uhr. Er legte für die Zeiträume vom 8.1. bis 19.1.1990, vom 5.3. bis 16.3.1990, vom 8.5. bis 18.5.1990 und vom 25.6 bis 3.7.1990 Arbeitsunfähigkeitsbescheinigungen vor. Für diese Zeiträume erhielt er Lohnfortzahlung. Unstreitig arbeitete er im Mai und Juni 1990 nachts bei einem anderen Arbeitgeber in der Zeit von 22 Uhr bis 5 Uhr. Weiterhin hat er eingeräumt, dass er auch in der Zeit, in der er arbeitsunfähig krank war und bei der M-AG nicht gearbeitet hat, diese Nachtdienste verrichtete. Er sei im Mai an einer Bronchitis erkrankt und habe seine Haupttätigkeit deshalb nicht ausüben können, weil er bei der M-AG aufgrund sei-

---

14 BAG vom 21.3.1996 – 2 AZR 543/95, NZA 1996, 1031.
15 BAG vom 21.3.1996, a.a.O.
16 BAG vom 26.8.1993 – 2 AZR 154/93, NZA 1994, 63.

ner Tätigkeit – er habe Karosserien entlackt – mit feinen Stäuben in Berührung gekommen sei. Die Nachttätigkeit habe in leichten Putzarbeiten bestanden, die er habe leisten können. Dies gelte auch für den Juni. Da habe er aufgrund einer Erkrankung die körperlich schwere Arbeit bei der M-AG nicht verrichten können, die körperlich leichte jedoch schon.

Die Arbeitgeberin hatte aufgrund dieses Sachverhalts fristlos gekündigt. Die dagegen gerichtete Klage war vor dem Arbeitsgericht und dem Landesarbeitsgericht erfolgreich, das *BAG* hob das Urteil des *LAG* auf und verwies es zur weiteren Sachverhaltsaufklärung zurück. Der Arbeitgeber hatte die Doppeltätigkeit vorgetragen und unter Beweis gestellt, dass der Kläger auch während seiner Erkrankung seiner »Zweittätigkeit« nachgegangen ist. Das *BAG* ging davon aus, dass der Arbeitgeber damit die Beweiskraft des Attests erschüttert habe und dass nunmehr der Arbeitnehmer seine Erkrankung nachweisen müsse. Zu diesem Zweck sollte die Ärztin über die genauen Umstände der Krankschreibung als Zeugin vernommen werden.

In einem anderen Fall sah das *BAG* den Beweiswert der ärztlichen Arbeitsunfähigkeitsbescheinigung nicht als erschüttert an:[17]

Die Klägerin war als Schwesternhelferin in einer Klinik beschäftigt. Der Arbeitgeber erfuhr von einem Arbeitskollegen, dass sie während einer längeren Krankheitsphase im Jahr 1991 während eines Urlaubs in ihrer tschechischen Heimat die Führerscheinprüfung abgelegt haben soll. In einem Personalgespräch wurde sie aufgefordert, den Führerschein vorzulegen. Dieser war am 24.6.1991 ausgestellt und ab dem 20.6.1991 gültig. Die Klägerin gab zu, diesen Führerschein während einer attestierten Arbeitsunfähigkeit in ihrer Heimat absolviert zu haben. Daraufhin drohte der Arbeitgeber mit Kündigung und Schadenersatzforderungen wegen vorgetäuschter Krankheiten und forderte die Klägerin auf, einen Aufhebungsvertrag zu unterzeichnen. Dies tat sie. Auf dem Klageweg hat sie den Aufhebungsvertrag wegen Drohung angefochten.

Die Klage hatte in allen drei Instanzen Erfolg. Das *BAG* stellte fest, dass alleine dadurch, dass die Klägerin während ihrer Arbeitsunfähigkeit in ihre Heimat gereist ist und dort die Führerscheinprüfung abgelegt hat, der Beweiswert des ärztlichen Attestes noch nicht als erschüttert angesehen werden kann. Mit der Auslandsreise lägen zwar Umstände vor, die bei der Arbeitgeberin Bedenken aufkommen lassen konnten, ob die Klägerin wirklich in dem fraglichen Zeitraum krank war. Dies alleine sei jedoch nicht geeignet, den Beweiswert des ärztlichen Attestes zu erschüttern: Eine Auslandsreise konnte bequem nachts mit dem Zug erfolgt sein und es war nicht einmal klar, ob die Arbeitnehmerin nicht ohnehin berechtigt war, sich zum Auskurieren ihrer Krankheit in ihrem

---

17 BAG vom 21.3.1996 – 2 AZR 543/96, NZA 1996, 1030.

Heimatort aufzuhalten. Die Führerscheinprüfung war mit einem geringen Zeitaufwand zu absolvieren. Zutreffend habe das *LAG* darauf abgestellt, dass zahlreiche Krankheiten denkbar seien, die zwar eine vollschichtige Arbeit als Schwesternhelferin ausschlössen, eine Auslandsreise und das Ablegen einer Fahrprüfung aber ohne weiteres zulassen würden.

Erschüttert wird der Beweiswert des ärztlichen Attestes nicht bereits dadurch, dass sich der Erkrankte nicht zu Hause aufhält. Hat der Arzt keine Bettruhe verordnet, so besteht keine Verpflichtung, immer zu Hause zu sein. Werden jedoch Aktivitäten, wie der Bau eines Hauses, ausgiebige Teilnahme an Festlichkeiten oder die Arbeit auf einem Bauernhof, festgestellt, ist der Beweiswert des Attestes als erschüttert anzusehen.

Herangezogen werden kann auch die Rechtsprechung zu § 275 SGB V und den dort gesetzlich geregelten Anhaltspunkten für berechtigte Zweifel. In der genannten Vorschrift sind Regelbeispiele aufgeführt, die beschreiben, unter welchen Voraussetzungen Zweifel am Vorliegen einer krankheitsbedingten Arbeitsunfähigkeit und an der Richtigkeit des ärztlichen Attestes berechtigt sind. Dies ist dann der Fall, wenn häufig für kurze Zeit krankgeschrieben wird, die Arbeitsunfähigkeit auf den gleichen Tag oder den Beginn bzw. das Ende der Woche fällt.

Der Beweiswert einer Arbeitsunfähigkeitsbescheinigung kann auch dann erschüttert sein, wenn der Arbeitnehmer seine Erkrankung, z.B. im Zusammenhang mit einer Auseinandersetzung mit dem Arbeitgeber, ankündigt.

8. Atteste aus Nicht-EU-Ländern

Bei Erkrankungen in Ländern, die nicht der Europäischen Union angehören, gilt im Hinblick auf ärztliche Arbeitsunfähigkeitsbescheinigungen – trotz der häufig anzutreffenden Skepsis ihnen gegenüber – grundsätzlich nichts anderes als bei inländischen Bescheinigungen. Ihnen kommt die gleiche Beweiskraft zu. Voraussetzung ist, dass sie von einem Arzt ausgestellt sind, und neben der Bescheinigung der Erkrankung auch zum Ausdruck bringen, dass der Arbeitnehmer aufgrund dieser Erkrankung arbeitsunfähig ist.[18] Das *BAG* hat dazu entschieden,[19] dass einer Arbeitsunfähigkeitsbescheinigung, die in einem Land außerhalb der EU ausgestellt wurde, im Allgemeinen der gleiche Beweiswert wie einer in Deutschland ausgestellten Bescheinigung zukomme. Voraussetzung sei, dass der ausländische Arzt zwischen einer bloßen Erkrankung und

---

18 Lepke, NZA 1995, 1090.
19 BAG vom 19.2.1997 – 5 AZR 83/96, NZA 1997, 652.

einer mit Arbeitsunfähigkeit verbunden Krankheit unterschieden und damit eine den Begriffen des deutschen Arbeits- und Sozialversicherungsrechts entsprechende Beurteilung vorgenommen habe.

9. Atteste aus EU-Ländern

Arbeitsunfähigkeitsbescheinigungen aus EU-Ländern kommt nach der Rechtsprechung des *EuGH* ein erhöhter Beweiswert zu. Grundsätzlich ist der Arbeitgeber an solche ärztlichen Atteste gebunden.[20] In einem weiteren den gleichen Sachverhalt betreffenden Verfahren hat der *EuGH*[21] festgestellt, dass der Arbeitgeber nicht daran gehindert ist, Nachweise zu erbringen, anhand derer das nationale Gericht ggf. feststellen kann, dass der Arbeitnehmer missbräuchlich oder betrügerisch eine festgestellte Arbeitsunfähigkeit gemeldet hat, ohne krank gewesen zu sein. Unvereinbar mit EU-Recht sei dagegen, dass der Arbeitnehmer zusätzliche Beweise für das Vorliegen einer Arbeitsunfähigkeit zu erbringen habe, wenn der Arbeitgeber Umstände darlegt und beweist, die zu ernsthaften Zweifeln – wie es in Deutschland gegenüber deutschen Attesten genügt – an einer Arbeitsunfähigkeit Anlass geben.

Damit verbleibt es dabei, dass Attesten aus dem EU-Ausland ein solcher Beweiswert zukommt, dem der Arbeitgeber nur mit dem Gegenbeweis begegnen kann. Ob damit allerdings so umgegangen werden kann, wie es das *LAG Baden-Württemberg* in dem oben zitierten Fall im Anschluss an das Urteil des *EuGH* vom 2.5.1996 getan hat, ist doch sehr zweifelhaft. Das *LAG Baden-Württemberg* sah den Arbeitergeberbeweis schon dadurch als erbracht an, als sich die Krankmeldungen der vierköpfigen Familie Paletta zeitlich überschnitten hatten und deshalb ein längerer Aufenthalt am Heimatort notwendig war. Dies war für das Gericht ausreichend, als bewiesen zu erachten, dass die Atteste unzutreffend waren. Der Gegenbeweis des Arbeitnehmers durch Vernehmung der Ärzte konnte nicht mehr angetreten werden, da der eine Arzt verstorben war und der zweite sich an nichts mehr erinnern konnte. Das *LAG* wies daraufhin die Klage des Arbeitnehmers auf Zahlung der vorenthaltenen Lohnfortzahlung ab.

---

20 EuGH vom 3.6.1992 – Rs. C 45/90 (Paletta I).
21 EuGH vom 2.5.1996 – Rs. C 206/94 (Paletta II).

II. Möglichkeiten des Arbeitgebers

1. Untersuchung durch den Medizinischen Dienst der Krankenkassen

Zweifelt der Arbeitgeber das ärztliche Attest aus einem der oben aufgeführten Gründe an und vermutet, dass überhaupt keine Arbeitsunfähigkeit vorliegt, so hat er die Möglichkeit, nach § 275 Abs. 1a Sätze 3 und 4 SGB V die Krankenkasse aufzufordern, den Arbeitnehmer, soweit dieser in der gesetzlichen Krankenkasse oder einer Ersatzkasse versichert ist, durch den **Medizinischen Dienst** untersuchen zu lassen. Dieser Aufforderung muss die Krankenkasse unverzüglich nachkommen. Der Arbeitgeber hat ggf. einen sozialgerichtlich durchsetzbaren Anspruch auf Durchführung der Untersuchung. Nur in begrenzten Ausnahmefällen, nämlich dann, wenn sich das Vorliegen einer Arbeitsunfähigkeit bereits aus den der Krankenkasse vorliegenden Unterlagen – z.B. Diagnosen – ergibt, kann die Krankenkasse auf die Untersuchung verzichten.

Der Arbeitgeber kann die Kasse jedoch nicht willkürlich zur Untersuchung auffordern. Die Aufforderung ist nur dann zulässig, wenn – so die gesetzliche Bestimmung – bereits **Zweifel an der Richtigkeit** des ärztlichen Attestes bestehen. Diese Zweifel muss der Arbeitgeber gegenüber der Krankenkasse zur Begründung seines Verlangens angeben. Insoweit kann auf die Ausführungen zum Beweiswert von Arbeitsunfähigkeitsbescheinigungen (siehe Seite 94ff.) verwiesen werden. Liegen solche Zweifel nicht vor, sondern sollen sie erst durch die Untersuchung hervorgerufen bzw. begründet werden, ist die Aufforderung an die Kasse rechtswidrig.[22] Erfolgt dennoch eine Untersuchung, kann deren Ergebnis in einem möglichen Verfahren nicht verwertet werden.

Ergibt die Untersuchung einen vom ärztlichen Attest abweichenden Befund, hat die Krankenkasse den Arbeitgeber nach § 277 Abs. 2 SGB V hierüber zu informieren.

Der Arbeitnehmer ist nicht verpflichtet, sich einer Untersuchung durch den Medizinischen Dienst zu unterziehen. Weigert er sich, so kann der Arbeitgeber daran keine arbeitsrechtlichen Konsequenzen (z.B. Kündigung, Leistungsverweigerung) knüpfen. Es darf jedoch nicht verkannt werden, dass in einem Verfahren über das Vorliegen einer Arbeitsunfähigkeitsbescheinigung und die Richtigkeit der ärztlichen Bescheinigung eine solche Weigerung berücksichtigt werden wird. Trotzdem kann und darf aus der bloßen Weigerung, sich un-

---

22 Lepke, S. 402.

tersuchen zu lassen, nicht der Schluss gezogen werden, dass keine Arbeitsunfähigkeit vorgelegen habe. Der Arbeitnehmer kann den Beweis immer noch durch andere Beweismittel, z.B. Vorlage von Untersuchungsbefunden, Laborberichten, Zeugnis des Arztes, Sachverständigengutachten, erbringen.

Kommt der Arbeitnehmer der Aufforderung zur Untersuchung beim Medizinischen Dienst nicht nach, hat die Krankenkasse den Arbeitgeber darüber zu informieren.

2. Nachforschung durch Detektive

Immer mehr in Mode kommt die »Bespitzelung« von Kranken durch Detektive im Auftrag der jeweiligen Arbeitgeber. Dies ist – abgesehen von sonstigen Überlegungen – rechtlich nur unter bestimmten Bedingungen zulässig. Es wird die Position vertreten, dass der Einsatz von Detektiven dann möglich sei, wenn Tatsachen vorliegen, die den **dringenden** Verdacht begründen, der betreffende Arbeitnehmer sei nicht arbeitsunfähig erkrankt.[23] Wird ein Detektiv beauftragt, ohne dass solche Tatsachen vorliegen, und ergibt die Überwachung, dass keine Arbeitsunfähigkeit besteht, so war die Überwachung gleichwohl unzulässig und damit rechtswidrig. Ihre Ergebnisse können in einem Prozess nicht verwertet werden.

3. Krankenbesuche

Häufig greifen Arbeitgeber auch zum Mittel der so genannten »Krankenbesuche«. Anders als die Bezeichnung vermuten lässt, steht hier nicht ein freundliches, anteilnehmendes Interesse am Genesungsprozess, sondern Kontrollaspekte im Vordergrund des Besuchs des Arbeitgebers oder dessen Beauftragter. Diese sollen Beobachtungen machen, aus denen sich ergibt, ob der Arbeitnehmer tatsächlich erkrankt ist, um später als Zeugen in einem Verfahren darüber auszusagen.

Dabei ist zu beachten, dass diese »Kontrolleure« in der Regel nicht über medizinisches Wissen verfügen, um eine qualifizierte Beurteilung abgeben zu können. Sie sind also begrenzt auf das Beobachten des tatsächlichen Verhaltens und der Aktivitäten des Beschäftigten. Welche Schlüsse daraus gezogen werden können, ist ggf. Aufgabe des Gerichts. Auch solche Nachforschungen sind im Hinblick auf die grundgesetzlich geschützte Privatsphäre und des Per-

---

23 Lepke, S. 406f. m.w.N.

sönlichkeitsrecht nur zulässig, wenn Anhaltspunkte dafür vorliegen, dass keine Krankheit (mehr) besteht.[24]

Es besteht keine Verpflichtung, diesen »Kontrolleuren« den Zugang zur Wohnung zu erlauben. Wird ihnen der Zutritt verwehrt, so dürfen daraus keine negativen Schlüsse gezogen werden.

4. Ärztliche Untersuchung auf Aufforderung durch den Arbeitgeber

Umstritten ist, ob der Arbeitgeber verlangen kann, dass sich der erkrankte Arbeitnehmer von einem Arzt, den der Arbeitgeber bestimmt, untersuchen lassen muss. Dies soll dann möglich sein, wenn der dringende Verdacht besteht, dass es sich um ein Gefälligkeitsattest handele.[25] Diese Auffassung ist nicht richtig. Einem solchen Verlangen steht das grundgesetzlich geschützte Recht auf Privatsphäre entgegen. Niemand kann gezwungen werden, sich von einem vorgegebenen Arzt untersuchen zu lassen und darüber hinaus Dritten Einblick in die Krankenunterlagen zu gewähren. Darauf weist *Dörner* zu Recht hin. Derartiges könne auch nicht im Arbeitsvertrag oder in sonstigen Vereinbarungen verbindlich niedergelegt werden, soweit es sich um eine zusätzliche Untersuchung handele.[26]

Das *BAG* hat bislang nur in einem Sonderfall entschieden, dass der Arbeitnehmer aufgrund einer tarifvertraglichen Regelung gezwungen sei, sein Einverständnis zur Beiziehung ärztlicher Unterlagen zu erklären.[27]

Der Beschäftigte war ordentlich unkündbar. Er war vom 10. 7. 1990 bis zum 2. 6. 1995 an insgesamt 1149 Tagen arbeitsunfähig erkrankt. Aufgrund einer tarifvertraglichen Regelung forderte ihn die Arbeitgeberin auf, einen Antrag auf Erwerbsunfähigkeitsrente zu stellen. Anlässlich einer amtsärztlichen Untersuchung verweigerte er die Beiziehung von Krankenunterlagen. Das amtsärztliche Gutachten konnte deshalb nur eingeschränkt erstellt werden. Nach weiteren vergeblichen Versuchen, die Freigabe der Unterlagen zu erreichen, kündigte die Arbeitgeberin fristlos.

Der Arbeitnehmer hat die von ihm erhobene Kündigungsschutzklage vor dem *Arbeitsgericht* und dem *LAG* gewonnen. Das *BAG* verwies den Rechtsstreit an das *LAG* zurück. Es stellte im Hinblick auf die in diesem Fall zu entscheidende Frage, ob eine langanhaltende Krankheit oder ob eine Erwerbsunfähigkeit vorliegt, u. a. fest, dass es in einer solchen Situation hinzunehmen sei, eine amts-

---

24 Lepke, S. 406.
25 Lepke, S. 410.
26 ErfK-Dörner, § 5 EFZG Rn. 25.
27 BAG vom 6. 11. 1997 – 2 AZR 801/96, NZA 1998, 326.

ärztliche Untersuchung zu dulden und die für die Entscheidung der Frage nach der Erwerbsunfähigkeit notwendigen Unterlagen freizugeben. Eine Pflicht des Arbeitnehmers, seine behandelnden Ärzte von der Schweigepflicht zu entbinden, bestehe dann, wenn **begründete Zweifel an der Tauglichkeit** des Arbeitnehmers, den Anforderungen des Arbeitsplatzes auf Dauer gerecht zu werden, bestünden. Eine Verweigerung, die Arztunterlagen zu offenbaren und sich untersuchen zu lassen, verstoße gegen die Treuepflicht des Arbeitnehmers gegenüber dem Arbeitgeber. Urteile, die über diesen Sonderfall hinausgehen und eine allgemeine Verpflichtung feststellen, sich untersuchen zu lassen, sind nicht bekannt.

III. Pflicht zur Gesunderhaltung

Umstritten ist, ob es eine vertragliche (Neben-)Pflicht des Arbeitnehmers gibt, sich gesund zu erhalten. Dies würde z.B. bedeuten, dass einem alkoholkranken Arbeitnehmer, der sich weigert, eine Therapiemaßnahme durchzuführen, dann nicht mehr nur personenbedingt, sondern aufgrund der Weigerung, eine Entziehungskur durchzuführen, auch verhaltensbedingt gekündigt werden könnte. Dies würde für die Arbeitgeber eine wesentliche Erleichterung der Darlegungs- und Beweislast bedeuten, da sie nicht mehr den engen Grenzen der krankheitsbedingten Kündigung unterliegen würden.

Eine Nebenpflicht zur Gesunderhaltung besteht jedoch nicht. Der Arbeitgeber hat keinen Anspruch auf eine bestimmte Lebensführung des Arbeitnehmers. Solche **Eingriffe in die Privatsphäre** sind sachlich nicht gerechtfertigt, da der private Lebenskreis mit der Pflicht zur Erbringung der Arbeitsleistung nichts zu tun hat.

Angenommen wird aber zu Recht,[28] dass eine **Obliegenheit** des Arbeitnehmers besteht, Schaden von seinem arbeitsvertraglichen Partner fernzuhalten.[29] Aus einer Verletzung dieser Obliegenheit können auch arbeitsvertragliche Konsequenzen, z.B. Verlust der Entgeltfortzahlung, Abmahnung, Kündigung,[30] folgen, sodass der Streit darüber, ob den Arbeitnehmer eine Pflicht zur Gesunderhaltung trifft und er seine private Lebensführung daran auszurichten hat, in der Praxis, in der es genau um die Berechtigung dieser Folgen geht, keine allzu große Relevanz hat.

---

28 Künzl, NZA 1999, 744.
29 Lepke, S. 426.
30 Künzl, a.a.O.

IV. Rückmeldepflicht/Gesundmeldung durch den Arbeitnehmer

Die ärztliche Arbeitsunfähigkeitsbescheinigung ist in der Regel **befristet** und enthält eine genaue Angabe über das Ende der Arbeitsunfähigkeit. Mit Ablauf dieses Tages endet die ärztlich bescheinigte Arbeitsunfähigkeit. Einer gesonderten »Gesundschreibung«, d.h. einer Bestätigung des Arztes, dass der Arbeitnehmer wieder arbeitsfähig ist, bedarf es nicht.

Bei der Frage, wie sich der Arbeitnehmer dann verhalten soll, kommt es darauf an, ob das Arbeitsverhältnis gekündigt oder ungekündigt ist.

1. Ungekündigtes Arbeitsverhältnis

Im ungekündigten Arbeitverhältnis muss sich der Arbeitnehmer nach Ablauf der Krankschreibung unaufgefordert beim Arbeitgeber melden und seine Arbeitskraft anbieten. Dies gilt auch dann, wenn die Arbeitsunfähigkeitsbescheinigung eine Angabe über das Ende der Erkrankung enthält. Nur so kann der Arbeitnehmer sicherstellen, dass sein Entgeltanspruch bestehen bleibt. In der Praxis macht dies im Normalfall selten Probleme, da die Arbeitsaufnahme als Rückmeldung ausreicht. Zu beachten ist die **Rückmeldepflicht** aber zum Beispiel dann, wenn auf den letzten Tag der Krankschreibung noch arbeitsfreie Tage folgen oder bei der Erkrankung im Urlaub.

2. Gekündigtes Arbeitsverhältnis

In den Fällen, in denen das Arbeitsverhältnis gekündigt ist oder aufgrund Befristung geendet hat und die Erkrankung über das vereinbarte Ende hinaus anhält, genügt es, wenn der Arbeitnehmer **Kündigungsschutzklage** erhoben oder in anderer Weise deutlich gemacht hat, dass er mit der Beendigung des Arbeitsverhältnisses nicht einverstanden ist. Gesundet der Arbeitnehmer dann im Verlauf des Kündigungsschutzprozesses, so bedarf es keiner Rückmeldung beim Arbeitgeber. Um den Annahmeverzug des Arbeitgebers zu begründen und die Entgeltansprüche zu wahren, genügt die Klageerhebung.

Die Klägerin war ab dem 23.5.1989 auf unbestimmte Dauer erkrankt und wurde zum 31.3.1990 gekündigt. Ab dem 1.7.1990 war sie wieder arbeitsfähig, was sie dem Arbeitgeber aber erst am 20.8.1990 mitgeteilt hat. Nach einem für die Beschäftigte erfolgreichen Kündigungsschutzverfahren weigerte sich der Arbeitgeber, für die Zeit zwischen 1.7. und 19.8.1990 den Lohn nachzuzahlen, da die Klägerin nicht vorher ihre Arbeitsfähigkeit angezeigt habe, weshalb auf Seiten des Arbeitgebers kein Annahmeverzug eingetreten sei. Dagegen klagte die Arbeitnehmerin und verlangte Zahlung. *Arbeitsgericht* und *LAG* haben die Klage abgewiesen, das *BAG*[31] gab der Klägerin Recht.

Das *BAG* führt aus, dass der Arbeitgeber im Falle einer unwirksamen Kündigung in Annahmeverzug gerate, wenn er den Arbeitnehmer nach Ablauf der Kündigungsfrist nicht auffordere, die Arbeit wieder aufzunehmen. Ist der Arbeitnehmer befristet krank, treten die Verzugsfolgen mit Eintritt der Arbeitsfähigkeit jedenfalls dann unabhängig von der Gesundmeldung ein, wenn der Arbeitnehmer dem Arbeitgeber durch Erhebung einer Kündigungsschutzklage oder sonstigen Widerspruch gegen die Kündigung seine weitere Leistungsbereitschaft deutlich gemacht habe. Dies gelte auch bei mehrfach befristetet festgestellter Arbeitsunfähigkeit. Gleiches gelte auch im vorliegenden Fall, wenn die Arbeitsunfähigkeit auf unabsehbare Zeit festgestellt worden sei.

In einem weiteren Urteil[32] führt das *BAG* aus, dass es nicht einsehbar sei, dass ein Arbeitgeber, der unwirksam kündige und in Konsequenz dessen für den Normalfall eines Arbeitsverhältnisses die Vergütungsnachzahlung schulde, daraus einen Vorteil ziehen sollte, dass der Arbeitnehmer zur Zeit der Kündigung arbeitsunfähig war. Es soll dem Arbeitgeber nicht zugute kommen, dass gesetzliche Vorschriften über die Anzeige der Arbeitsfähigkeit fehlten. Über die Zäsur der Kündigung ist der Arbeitnehmer jedenfalls solange von der ihm sonst obliegenden Anzeige- und Nachweispflicht befreit, wie der Arbeitgeber nicht von sich aus die Kündigung »zurücknimmt« oder wenigstens eine Arbeitsmöglichkeit – ggf. unter Vorbehalt – eröffnet.

Zusammenfassung:
Im Ergebnis ist festzuhalten, dass es in solchen Fällen genügt, Kündigungsschutzklage zu erheben, weitere »Rückmeldepflichten« bestehen nicht. Stellt sich heraus, dass die Kündigung unwirksam war, bleiben die Nachzahlungsansprüche erhalten.

V. Erkrankung im Ausland

Bei einer Erkrankung im Ausland sind über die sonstigen Pflichten des Arbeitnehmers hinaus einige **Besonderheiten** hinsichtlich der Krankmeldung zu beachten.

---

31 BAG vom 21.1.1993 – 2 AZR 309/92, NZA 1993, 550.
32 BAG vom 24.11.1994 – 2 AZR 179/94, NZA 1995, 263.

Zunächst gilt, dass auch im Ausland die Krankheit durch einen Arzt attestiert werden muss. Zu Inhalt und Beweiswert einer solchen ärztlichen Bescheinigung gilt das bereits Gesagte (siehe Seite 97 ff.).

Darüber hinaus regelt § 5 Abs. 2 EFZG weitere Verpflichtungen des Arbeitnehmers. Der Arbeitnehmer muss dem Arbeitgeber seine Adresse am ausländischen **Aufenthaltsort** mitteilen. Hintergrund ist, dass der *EuGH* entschieden hat,[33] dass der deutsche Arbeitgeber entsprechend Art. 18 Abs. 1 bis 4 der EWG-Verordnung 1408/71 an die ärztlichen Feststellungen über den Eintritt und die Dauer der Arbeitsunfähigkeit gebunden ist, es sei denn, er macht von der Möglichkeit des Art. 18 Abs. 5 der Verordnung Gebrauch und lässt den Arbeitnehmer an dessen ausländischem Aufenthaltsort von einem Arzt seines Vertrauens untersuchen. Diese Möglichkeit hat der Arbeitgeber jedoch nur dann, wenn er den Aufenthaltsort des erkrankten Arbeitnehmers kennt. Die Adresse muss die Angaben enthalten, die es einem Dritten ermöglichen, den Arbeitnehmer tatsächlich zu erreichen. Hierzu gehört nicht die Telefonnummer.[34]

Des Weiteren muss der Arbeitnehmer dem Arbeitgeber die gleichen Mitteilungen machen wie bei einer Erkrankung im Inland. Der Arbeitnehmer muss die geforderten Mitteilungen »in der schnellstmöglichen Art der Übermittlung« vornehmen. Damit genügt es nicht, die Mitteilungen auf dem normalen Postweg zu übersenden: Notwendig ist vielmehr, hier zum Telefon zu greifen oder die Mitteilungen per Fax zu senden. Die dadurch entstehenden Kosten sind vom Arbeitgeber zu tragen.

Nach § 5 Abs. 2 EFZG muss der Erkrankte auch seine Krankenkasse benachrichtigen; insoweit liegt ein Unterschied zur Erkrankung im Inland vor.

Schließlich muss der Beschäftigte nach seiner **Rückkehr** diese sowohl dem Arbeitgeber als auch der Krankenkasse anzeigen. Die **Anzeigepflicht** besteht auch dann, wenn die Erkrankung nicht mehr andauert. Hierbei genügt es selbstverständlich, dass der Arbeitnehmer zum Arbeitsbeginn erscheint, weitere Benachrichtigungen sind dann entbehrlich. Relevant wird die Rückmeldepflicht nur dann, wenn z.B. der Urlaub über die Rückkehr aus dem Ausland hinaus andauert.

---

33 EuGH vom 3.5.1992 – Rs. C 45/90 (Paletta I), NJW 1992, 2687.
34 ErfK-Dörner, § 5 EFZG Rn. 51.

5. Kapitel
Verstöße gegen Nebenpflichten und deren Folgen

Wurden im vorhergehenden Kapitel mögliche vertragliche Nebenpflichten und Obliegenheiten erörtert, so soll in diesem Kapitel dargestellt werden, welche Folgen es für den Beschäftigten hat, wenn er diesen Nebenpflichten nicht nachkommt.

I. Pflicht zur Gesundwerdung und -erhaltung

Wie bereits ausgeführt (siehe Seite 102), besteht eine Verpflichtung zu heilungsförderndem Verhalten bei einer Erkrankung. Ob es sich dabei um eine Nebenpflicht oder um eine Obliegenheit handelt, kann im Zusammenhang mit den hier zu erörternden Fragen dahingestellt bleiben, weil die Schlussfolgerungen in beiden Fällen die gleichen sind. Das *BAG*[1] hat ausgeführt, dass ein arbeitsunfähig krankgeschriebener Arbeitnehmer verpflichtet sei, sich so zu verhalten, dass er möglichst bald wieder gesund werde. Demgemäß hat er alles zu unterlassen, was seine Genesung verzögern könnte. Die Verletzung dieser Pflicht ist unter Umständen geeignet, eine Kündigung zu rechtfertigen, wobei in schwer wiegenden Fällen auch eine fristlose Kündigung in Betracht kommt.

Diese Rechtsprechung wird teilweise abgelehnt mit der Begründung, dass keine Verpflichtung zu einem bestimmten Lebenswandel bestehe, sodass ein derartiges Verhalten im Rahmen der Interessenabwägung zu berücksichtigen sei.[2]

Die herrschende Meinung geht davon aus, dass bei einer groben Verletzung der Verpflichtung zu einem Verhalten, das den Gesundungsprozess fördere, eine fristlose oder fristgemäße Kündigung zulässig sei. Als Beispiele werden angeführt: Der Arbeitnehmer besucht ohne ärztliche Ausgeherlaubnis Gaststätten, er übt während der Arbeitsunfähigkeit eine Nebentätigkeit aus oder er

---

1   BAG vom 26. 8. 1993 – 2 AZR 154/93, NZA 1994, 63.
2   Kittner/Däubler/Zwanziger, KSchR, § 1 KSchG Rn. 219.

nimmt an einer Sportveranstaltung teil. Vorwerfbar und kündigungsrelevant soll ein Verhalten sein, das objektiv geeignet ist, die Genesung zu verzögern. Ob eine tatsächliche Verzögerung des Heilungsprozesses durch das Verhalten ausgelöst wird, sei unerheblich, es genüge die objektive Möglichkeit.[3]

Tipp:
Da dies die herrschende Meinung darstellt, kann nur der Rat gegeben werden, sich an die Anweisungen der Ärzte zu halten und alles zu unterlassen, was objektiv den Eindruck erwecken könnte, der Gesundungsprozess werde verzögert.

Unabhängig davon ist jedoch die herrschende Meinung unzutreffend. Grundsätzlich gilt, dass nicht jede Krankheit zu einer völligen Beschränkung des Privatlebens führen kann. Zumindest wird es darauf ankommen, ob der Arbeitnehmer mit seinem Verhalten gegen ärztliche Anordnungen verstößt. Ist dies nicht der Fall, kann auch keine Pflichtverletzung vorliegen. Verstößt der Arbeitnehmer jedoch gegen ärztliche Verhaltensregeln, ist alleine darauf abzustellen, ob dadurch die **Krankheit bzw. der Genesungsprozess verzögert oder nachteilig beeinflusst** wird. Nur wenn diese Voraussetzungen vorliegen, kann eine fristgerechte Kündigung in Betracht kommen.[4] Dabei kann es jedoch nicht auf die abstrakte Möglichkeit der Beeinträchtigung der Genesung ankommen;[5] vielmehr muss eine solche Verzögerung tatsächlich eingetreten sein, um eine Kündigung zu rechtfertigen.[6]

Handelt es sich bei dem beanstandeten Verhalten des Arbeitnehmers um Aktivitäten, die an die körperliche und/oder geistige Leistungsfähigkeit gleiche oder vergleichbare Anforderungen stellen wie die geschuldete Tätigkeit, ist bereits fraglich, ob überhaupt eine Erkrankung vorliegt oder ob diese nicht vorgetäuscht ist. Eine wegen derartiger Aktivitäten ausgesprochene Kündigung stellt eine **verhaltensbedingte Kündigung** dar, sodass in der Regel eine vorherige Abmahnung erforderlich ist.[7]

In besonders schweren Fällen soll nach der herrschenden Meinung sogar eine fristlose Kündigung möglich sein. So hat das *BAG*[8] in einer Entscheidung erwogen und bejaht, dass die Aufnahme einer Nebentätigkeit während der krankheitsbedingten Arbeitsunfähigkeit je nach den Umständen des Einzelfalls auch eine fristlose Kündigung ohne vorherige Abmahnung rechtfertigen

---

3 KR-Etzel, § 1 KSchG Rn. 504.
4 Lepke, S. 449.
5 So aber z.B. KR-Etzel, § 1 KSchG Rn. 504, anders aber wohl Rn. 505.
6 Lepke, S. 449 ff.
7 KR-Etzel, § 1 KSchG Rn. 504.
8 BAG vom 26. 8. 1993 – 2 AZR 154/93, NZA 1994, 63.

könne. In dem dort entschiedenen Fall hat der Kläger während einer krankheitsbedingten Arbeitsunfähigkeit in Nachtschichten in einer Nebentätigkeit gearbeitet und damit die Krankheitszeit verlängert.

Damit ist festzuhalten, dass derjenige, der sich entgegen ärztlichem Rat so verhält, dass die Genesung beeinträchtigt sein könnte, Gefahr läuft, gekündigt zu werden, wobei in besonders gravierenden Fällen sogar eine fristlose Kündigung in Betracht kommt.

Auf jeden Fall geht der Arbeitnehmer aber das Risiko ein, dass sein heilungswidriges Verhalten möglicherweise ein »Verschulden« nach § 3 EFZG darstellt. Dies hat dann zur Folge, dass der Arbeitgeber von der Entgeltfortzahlung frei wird.[9] Es wird davon ausgegangen, dass der Arbeitnehmer während des Heilungsprozesses eine höhere Sorgfaltspflicht gegen sich selbst hat und ein Verstoß gegen diese Sorgfaltspflichten schuldhaft sein kann.

II. Meldepflicht

Ein Verstoß gegen die Meldepflichten des § 5 EFZG und bei Maßnahmen der Gesundheitsvorsorge und Rehabilitation des § 9 EFZG (siehe Seite 110), kann ebenfalls **arbeitsrechtliche Konsequenzen** nach sich ziehen.

Das Unterlassen der unverzüglichen Meldung einer Arbeitsunfähigkeit ist jedenfalls dann geeignet, eine Kündigung zu rechtfertigen, wenn es zum wiederholten Male geschieht und bereits einmal abgemahnt wurde. Ein einmaliger schuldhafter Verstoß gegen die Anzeigepflicht rechtfertigt grundsätzlich weder eine ordentliche noch eine außerordentliche Kündigung.[10] Erst die wiederholt nach erfolgter Abmahnung unterbliebene oder die gegen gesetzliche oder vertragliche Bestimmungen verstoßende Anzeige einer krankheitsbedingten Arbeitsunfähigkeit ist an sich geeignet, einen verhaltensbedingten Grund für die soziale Rechtfertigung einer ordentlichen Kündigung abzugeben. Dabei ist es nicht notwendig, dass es durch die unterlassene Anzeige zu einer Betriebsablaufstörung kommt. Dieser Umstand ist vielmehr erst bei der Interessenabwägung zu berücksichtigen.[11] Das bedeutet, dass das Auftreten einer Betriebsablaufstörung und womöglich eines Schadens eher eine Kündigung rechtfertigt als ein Unterlassen ohne negative Folgen im Betrieb.

---

9 ErfK-Dörner, § 3 EFZG Rn. 62 f.
10 KR-Etzel, § 1 KSchG Rn. 498.
11 Kittner/Däubler/Zwanziger, KSchR, § 1 KSchG Rn. 216; BAG vom 16. 8. 1991 – 2 AZR 604/90, NZA 1992, 130.

Eine fristlose Kündigung kann wegen der Verletzung der Mitteilungspflicht nur ausnahmsweise in Betracht kommen, z.B. wenn sich der Arbeitnehmer ausnahmslos weigert, der Anzeigepflicht nachzukommen und sich auch entsprechend verhält.[12] Voraussetzung soll sein, dass der Arbeitnehmer zu erkennen gegeben hat, dass er seiner Verpflichtung auf keinen Fall nachkommen will. Eine fristlose Kündigung soll auch dann noch in Betracht kommen, wenn dem Arbeitgeber infolge der Verletzung der Anzeigepflicht ein Schaden oder ein sonstiger schwer wiegender Nachteil entstanden ist.[13]

Kommt der Arbeitnehmer seiner Verpflichtung, bei länger als drei Tage andauernder Erkrankung eine ärztliche Arbeitsunfähigkeitsbescheinigung vorzulegen, nicht nach, kann auch dies im Wiederholungsfall und nach erfolgter Abmahnung einen Grund für eine fristgerechte Kündigung darstellen. Wird im Arbeitsvertrag vereinbart, dass bei Nichtvorlegen einer Arbeitsunfähigkeitsbescheinigung eine fristlose Kündigung erfolgt, soll die Abmahnung entbehrlich sein, da die Hinweis- und Warnfunktion durch diese Vertragspassage bereits gegeben sei.[14]

Auch hier kommt es aber wie immer auf den Einzelfall an. Zu berücksichtigen ist, weshalb der Arbeitnehmer seiner Verpflichtung nicht nachgekommen ist. Vorwerfbar und damit ein Kündigungsgrund ist nur schuldhaftes Handeln. Dieses liegt dann nicht vor, wenn der Arbeitnehmer z.B. aufgrund seiner Krankheit daran gehindert war, die Bescheinigung rechtzeitig auf den Weg zu bringen oder dies zwar geschehen ist, die Beförderung jedoch ungewöhnlich lange gedauert hat.

Bei unbefristeter Krankschreibung ist der Arbeitnehmer nicht verpflichtet, monatlich oder nach Ablauf des Zeitraums der Entgeltfortzahlung neue Atteste vorzulegen.[15]

Eine fristlose Kündigung kommt nur in ganz besonderen Ausnahmesituationen in Betracht. So hat das *BAG*[16] darauf hingewiesen, dass zwar die Verletzung der dargestellten Pflichten grundsätzlich und unter besonderen Umständen ein wichtiger Grund für eine außerordentliche Kündigung sein kann, dies jedoch angesichts des regelmäßig geringeren Gewichts dieser Pflichtverletzung immer noch der Feststellung erschwerender Umstände im Einzelfall

---

12 LAG Berlin vom 12.1.1965, BB 1965, 749.
13 KR-Etzel, § 1 KSchG Rn. 499.
14 LAG Köln vom 12.11.1993 – 13 Sa 726/93, LAGE § 1 KSchG Nr. 40 Verhaltensbedingte Kündigung.
15 Kittner/Däubler/Zwanziger, KSchR, § 1 KSchG Rn. 216 m.w.N.
16 BAG vom 15.1.1986 – 7 AZR 128/83, AiB 1992, 435.

bedarf, um ausnahmsweise zu dem Ergebnis gelangen zu können, dem Arbeitgeber sei die Fortsetzung des Arbeitsverhältnisses bis zum Ablauf der ordentlichen Kündigungsfrist bzw. bis zum vereinbarten Beendigungszeitpunkt nicht zumutbar gewesen, eine fristlose Kündigung also gerechtfertigt.

Wird der Nachweis über eine Arbeitsunfähigkeit – ob es sich nun um die erstmalige Bescheinigung oder um eine Folgebescheinigung handelt – durch die unterlassene Meldung nicht geführt, so wird der Arbeitgeber regelmäßig nach § 7 EFZG von seiner Pflicht zur Entgeltfortzahlung befreit. Kommt die Krankmeldung lediglich verspätet und ist unstreitig, dass eine Erkrankung tatsächlich ab dem ersten Tag vorliegt, muss der Arbeitgeber die Lohnfortzahlung rückwirkend ab dem ersten Tag der Arbeitsunfähigkeit leisten,[17] nicht erst ab Eingang der Arbeitsunfähigkeitsbescheinigung. Etwas anderes gilt nur dann, wenn der Arbeitnehmer z.B. durch einen verspäteten Arztbesuch nicht die gesamte zurückliegende Zeit durch das Attest abdecken kann und damit für diese Zeiträume eine krankheitsbedingte Arbeitsunfähigkeit nicht nachgewiesen werden kann. Dann wird der Arbeitgeber für diese Zeiträume von der Leistung frei. Dies gilt natürlich auch dann, wenn überhaut kein ärztliches Attest vorgelegt wird.

Gleiches gilt in Bezug auf **Meldeversäumnisse bei Kuren oder Rehabilitationsmaßnahmen** und bei den Meldepflichten bei einer **Erkrankung im Ausland**.

Ebenso wichtig ist, was häufig übersehen wird, dass dem Arbeitgeber das Leistungsverweigerungsrecht auch dann zusteht, wenn der Arbeitnehmer seinen Verpflichtungen aus § 5 Abs. 2 EFZG gegenüber der Krankenkasse nicht nachkommt.

Ist die Arbeitsunfähigkeitsbescheinigung lediglich unvollständig, greift das Leistungsverweigerungsrecht nicht ein. Die Unvollständigkeit hat der Arbeitnehmer nicht zu vertreten, dies ist ein Versäumnis des ausstellenden Arztes.[18]

III. Vortäuschen einer Krankheit

Zentraler Konfliktpunkt ist in der Praxis die Auseinandersetzung darüber, ob eine Krankheit tatsächlich vorliegt und es sich um ein zutreffendes ärztliches Attest handelt oder ob die Krankheit vorgetäuscht ist. Hegt der Arbeit-

---

17   ErfK-Dörner, § 7 EFZG Rn. 13.
18   ErfK-Dörner, § 7 EFZG Rn. 9.

geber einen solchen Verdacht, so hat er verschiedene Reaktionsmöglichkeiten: Neben der Möglichkeit, eine ärztliche Untersuchung bei einem Arzt seines Vertrauens oder dem Medizinischen Dienst zu verlangen, besteht auch die Möglichkeit, die Entgeltfortzahlung einzustellen oder eine fristgerechte oder auch fristlose Kündigung auszusprechen.

In einem arbeitsgerichtlichen Verfahren – Zahlungsklage und/oder Kündigungsschutzverfahren –, das sich ggf. an eine solche arbeitgeberseitige Maßnahme anschließt, ist die Darlegungs- und Beweislast wie im Folgenden dargestellt verteilt:

Hat der Arbeitnehmer seine Nachweispflicht ordnungsgemäß erfüllt, so kann er sich grundsätzlich darauf verlassen, dass die Angaben in der Arbeitsunfähigkeitsbescheinigung ordnungsgemäß sind. Ihm obliegt insoweit keine Pflicht zur Nachprüfung. Es reicht aus, dass er auf diese Bescheinigung verweist.

Zweifelt der Arbeitgeber die Richtigkeit des Attestes an, so liegt es an ihm darzulegen und zu beweisen, dass das Fehlen des Arbeitnehmers unentschuldigt war, dass also die vom Arbeitnehmer **behauptete Krankheit** nicht vorliegt. Ist dies dem Arbeitgeber gelungen, so liegt es nunmehr am Arbeitnehmer, darzulegen und zu beweisen, dass sein Fehlen doch entschuldigt war. Beruft sich der Arbeitnehmer auf eine Krankheit, so hat er, solange ein ärztliches Attest nicht vorgelegt wurde, vorzutragen, welche tatsächliche psychische und/oder physische Erkrankung vorgelegen und wie sich diese geäußert hat und wo er sich zum fraglichen Zeitpunkt aufgehalten hat. Der Arbeitgeber muss dies widerlegen.[19]

Legt der Arbeitnehmer ein ärztliches Attest vor, so begründet dies in der Regel den Beweis für die Tatsache der krankheitsbedingten Arbeitsunfähigkeit. Ein solches Attest hat einen hohen Beweiswert, denn es ist der gesetzlich vorgesehene wichtigste Beweis für die Tatsache der krankheitsbedingten Arbeitsunfähigkeit. Bezweifelt der Arbeitgeber die Arbeitsunfähigkeit, beruft er sich insbesondere darauf, der Arbeitnehmer habe den die Bescheinigung ausstellenden Arzt durch Simulation getäuscht oder der Arzt habe die Arbeitsunfähigkeit nicht richtig erkannt, dann muss der Arbeitgeber die Umstände, die gegen die Arbeitsunfähigkeit sprechen, näher darlegen und beweisen, um dadurch die Beweiskraft des Attestes zu erschüttern. Ist es dem Arbeitgeber allerdings gelungen, den Beweiswert der ärztlichen Arbeitsunfähigkeitsbescheinigung zu erschüttern bzw. zu entkräften, tritt hinsichtlich der Behauptungs- und Beweislast wieder derselbe Zustand ein, wie er vor Vorlage des

---

19 BAG vom 26.8.1993 – 2 AZR 154/93, NZA 1994, 63.

Attestes bestand. Das bedeutet, dass der Arbeitnehmer seine krankheitsbedingte Arbeitsunfähigkeit beweisen muss. Das Zeugnis des Arztes und die Vorlage der Patientenkartei sind hier geeignete Beweismittel.[20]

Zum Beweiswert der Arbeitsunfähigkeitsbescheinigung und dessen Erschütterung kann auf die Ausführungen auf Seite 94 ff. verwiesen werden. Insbesondere kommt hier der Nachweis von Nebentätigkeiten, Besuch von Gaststätten, Häufung von Erkrankungen an bestimmten Wochentagen als Vortrag für die Erschütterung des Beweiswertes der ärztlichen Bescheinigung in Betracht. Jedoch kommt diesen nicht immer die gleiche Qualität zu, es kommt auf die Art der Erkrankung an.[21]

Häufige Urlaubserkrankungen sind ohne weitere Anhaltspunkte dafür, dass die Krankheit nur vorgetäuscht ist, kein geeignetes Kriterium, um eine Kündigung zu rechtfertigen. Hinzu kommen muss die Auswertung der ärztlichen Befunde und Behandlungsmaßnahmen.[22]

Ist der Nachweis erbracht, dass keine Arbeitsunfähigkeit vorgelegen hat, kann dies, neben der Einstellung der Entgeltfortzahlung, auch eine Kündigung rechtfertigen. Täuscht der Arbeitnehmer das Vorliegen einer krankheitsbedingten Arbeitsunfähigkeit lediglich vor, so verstößt er gegen die Arbeitspflicht und kann wegen beharrlicher Arbeitsverweigerung auch fristlos entlassen werden.[23] Eine solche **beharrliche Arbeitsverweigerung** soll in den Fällen einer vorgetäuschten Krankheit immer gegeben sein, sodass stets die Möglichkeit einer **fristlosen Kündigung** eröffnet sei. Einer Abmahnung bedürfe es in einem solchen Fall nicht.

Gleichzeitig stellt das Verhalten des Vortäuschens einer krankheitsbedingten Arbeitsunfähigkeit auch eine strafbare Handlung, nämlich (versuchten) Betrug dar. Deshalb ist nach der herrschenden Meinung auch eine **Verdachtskündigung** zulässig.[24] Dies begegnet Bedenken. Angesichts der abgestuften Darlegungs- und Beweislast bleibt in solchen Fällen eigentlich kein Raum für eine Verdachtskündigung.[25] Die Anhaltspunkte, die für den Verdacht einer vorgetäuschten Erkrankung angeführt werden, sind die gleichen, die für die Erschütterung des Beweiswertes des ärztlichen Attestes herangezogen werden. In einem solchen Fall steht dem Arbeitnehmer jedoch die Möglichkeit

---

20 BAG vom 26. 8. 1993, a.a.O.; Kittner/Däubler/Zwanziger, KSchR, § 1 KSchG Rn. 221 ff.
21 ErfK-Müller-Glöge, § 626 BGB Rn. 136.
22 LAG Düsseldorf vom 15. 1. 1986 – 6 Sa 1446/85, DB 1986, 1180.
23 KR-Etzel, § 1 KSchG Rn. 506; Kittner/Däubler/Zwanziger, KSchR, § 1 KSchG Rn. 217.
24 KR-Etzel, § 1 KSchG Rn. 507.
25 Kittner/Däubler/Zwanziger, KSchR, § 1 KSchG Rn. 223.

des Gegenbeweises offen, der ihm im Fall einer Verdachtskündigung nur eingeschränkt zugestanden wird.

Täuscht der Arbeitnehmer seine Erkrankung nur vor, um dadurch seinen Urlaub zu verlängern, stellt dies grundsätzlich einen Grund für eine fristlose Kündigung dar.

IV. Verändern der Arbeitsunfähigkeitsbescheinigung

Ändert ein Arbeitnehmer die Krankheitsdaten auf seiner Arbeitsunfähigkeitsbescheinigung zu seinem Vorteil, so berechtigt dies den Arbeitgeber in der Regel zu einer außerordentlichen Kündigung.[26]

V. Angekündigte Erkrankung

Jedem ist die folgende Situation zumindest aus Erzählungen bekannt: Der Arbeitnehmer begehrt Arbeitsbefreiung für Urlaub oder sonstige dringende Angelegenheiten oder er will eine ihm zugewiesene Tätigkeit nicht ausführen. Der Arbeitgeber lehnt dies ab, worauf der Arbeitnehmer mit dem Hinweis reagiert, dann werde er eben krank. Kommt es dann tatsächlich zu Fehlzeiten und der Vorlage einer ärztlichen Bescheinigung, ist die Ankündigung für sich genommen bereits geeignet, den Beweiswert des Attestes zu erschüttern. Das *BAG* hatte den folgenden Fall zu entscheiden:[27]

Die Arbeitnehmerin war als Küchenhilfe in einer städtischen Klinik beschäftigt. Für die Zeit vom 15. 7. bis 16. 8. 1991 beantragte sie Erholungsurlaub, der jedoch nur für die Zeit vom 22. 7. bis 15. 8. 1991 – einem Donnerstag – bewilligt wurde. Diesen Urlaub verbrachte sie zusammen mit ihrem Ehemann. Am 12. 8. 1991 rief der Ehemann den Arbeitgeber an und bat den Urlaub zu verlängern, wobei es egal sei, ob es sich um bezahlten oder unbezahlten Urlaub handele. Der Arbeitgeber stimmte dem nicht zu. Die Klägerin erschien am 16. 8. 1991 nicht zu ihrem Dienst, stattdessen traf am 20. 8. 1991 ein ärztliches Attest über die Arbeitsunfähigkeit der Klägerin für 15 Tage ein. Daraufhin kündigte der Arbeitgeber fristlos. Er berief sich darauf, dass der Ehemann in dem Telefongespräch am 12. 8. 1991 sinngemäß erklärt habe, dass für den Fall der Nichtgewährung des Urlaubs seine Frau »einen Krankenschein nehmen« werde. In dem zweiten Telefongespräch, in dem die Ablehnung des Urlaubswunsches mitgeteilt wurde, habe der Ehemann geäußert: »Entweder wird der Urlaub verlängert oder meine Frau wird krank.«

---

26 KR-Etzel, § 1 KSchG Rn. 507.
27 BAG vom 5. 11. 1992 – 2 AZR 147/92, NZA 1993, 309.

Das *BAG* hat die Klage der Ehefrau gegen die Kündigung abgewiesen und darauf verwiesen, dass bereits die Ankündigung einer Krankheit zu einem Zeitpunkt, zu dem keine Erkrankung vorliege und in dem sich die Arbeitnehmerin nicht krank fühle, die lediglich für den Fall erfolge, dass der Arbeitgeber dem Begehren der Arbeitnehmerin nicht nachkomme, als Grund für eine fristlose Kündigung ausreiche. Dies gelte unabhängig davon, ob später tatsächlich eine Erkrankung eintrete.[28] Das *BAG* hat in dieser Entscheidung ausdrücklich ausgeführt, dass es auch keiner Abmahnung bedurfte, da die Arbeitnehmerin im vorliegenden Fall nicht davon ausgehen durfte, dass der Arbeitgeber ihr Verhalten tolerieren werde. In einem solchen Fall sei eine Abmahnung entbehrlich.

Bei der Prüfung, ob tatsächlich ein Grund für eine fristlose Kündigung vorliegt, sind immer die Umstände des Einzelfalles zu berücksichtigen. Für eine fristgerechte Kündigung wird ein solches Verhalten allerdings im Regelfall wohl genügen. Als Begründung wird angeführt, dass es nicht darauf ankomme, ob tatsächlich Arbeitsunfähigkeit vorgelegen habe, sondern auf das durch das Verhalten des Arbeitnehmers **erschütterte Vertrauensverhältnis**.[29]

Selbstverständlich liegen bei einer vorgetäuschten Krankheit auch die Voraussetzungen für die Entgeltfortzahlung nicht vor, sodass der Arbeitgeber von der Leitung frei wird. Bereits geleistete Entgeltfortzahlung kann er zurückfordern.

VI. Rückmeldepflicht

Wie bereits ausgeführt (siehe Seite 103 f.), muss sich der Arbeitnehmer nach überstandener Krankheit unter bestimmten Umständen beim Arbeitgeber zurückmelden. Unterlässt er dies, kann das in zweierlei Richtungen arbeitsrechtlich von Bedeutung sein.

Zum einen hat der Arbeitnehmer erst ab dem Zeitpunkt, ab dem er durch die Rückmeldung wieder seine Leistungsbereitschaft und Leistungsfähigkeit anzeigt, Anspruch auf Entgelt. Erst ab diesem Zeitpunkt gerät der Arbeitgeber, soweit er auf die Leistungserbringung verzichtet, in Annahmeverzug. Über die Ausnahmen im gekündigten bzw. befristeten Arbeitsverhältnis siehe Seite 103 f.

---

28 BAG vom 5.11.1992, a.a.O.; a.A. Kittner/Däubler/Zwanziger, KSchR, § 1 KSchG Rn. 218 mit wohl unzutreffender Berufung auf dieses Urteil.

29 Lepke, S. 455.

Zum anderen besteht die Rückmeldepflicht ab dem ersten Arbeitstag nach Ablauf der durch den Arzt erfolgten Krankschreibung. Sie besteht unabhängig davon, ob der Arbeitnehmer sich selbst für arbeitsfähig hält oder nicht. Es kommt alleine auf die Frist im ärztlichen Attest an.

Meldet sich der Arbeitnehmer nach dem Ende der Arbeitsunfähigkeit nicht wieder an seinem Arbeitsplatz, fehlt er unentschuldigt und verstößt dadurch gegen seine vertragliche Arbeitspflicht.

Der Arbeitgeber muss ihn nicht von sich aus zur Arbeit auffordern. Verstöße gegen die Rückmeldepflicht können neben dem Wegfall der Entgeltzahlung auch weitere arbeitsrechtliche Konsequenzen bis hin zur ordentlichen bzw. fristlosen Kündigung haben.

Ein einmaliger Verstoß gegen die Rückmeldepflicht berechtigt den Arbeitgeber aber noch nicht zu einer ordentlichen Kündigung, insbesondere dann nicht, wenn es sich um geringfügige Verzögerungen von ein bis zwei Tagen handelt. Wird dies abgemahnt und verstößt der Arbeitnehmer danach wiederholt gegen die Rückmeldepflicht, so rechtfertigt dies grundsätzlich eine ordentliche Kündigung. Bleibt der Arbeitnehmer der Arbeit länger fern, kann unter Berücksichtigung jedes Einzelfalls auch eine außerordentliche Kündigung in Betracht kommen.[30]

VII. Arbeiten während der Krankheit/Nebentätigkeit

Der erkrankte Arbeitnehmer hat alles zu vermeiden, was den Genesungsprozess verhindert oder verlangsamt. Dies gilt auch im Hinblick auf Tätigkeiten während der Arbeitsunfähigkeit. Allerdings bedeutet das nicht, dass der Arbeitnehmer jede Arbeit unterlassen muss. Zu beachten ist immer, dass die Erkrankung nicht gleichzeitig Arbeitsunfähigkeit für jede Tätigkeit bedeutet. Die Arbeitsunfähigkeit ist immer nur im Verhältnis zwischen der Krankheit und der von dieser ausgehenden Einschränkung für die konkrete Beschäftigung festzustellen. Dies kann bedeuten, dass der Arbeitnehmer zwar für die »Haupttätigkeit« arbeitsunfähig ist, er jedoch seine Nebentätigkeit noch ausüben kann. Das kann z.B. dann der Fall sein, wenn er zwar die körperlich schwere Arbeit im Hauptbeschäftigungsverhältnis aufgrund eines Rückenleidens nicht mehr ausüben, jedoch einer körperlich leichten Tätigkeit ohne Be-

---

30 KR-Etzel, § 1 KSchG Rn. 502.

lastung des Rückens noch nachgehen kann. Die Nebentätigkeit kann immer dann fortgeführt werden, wenn sie den Heilungsprozess nicht verzögert.[31] Selbstverständlich müssen die sonstigen Voraussetzungen für eine zulässige Nebentätigkeit vorliegen.

Ansonsten können Nebentätigkeiten nur dann eine verhaltensbedingte Kündigung rechtfertigen, wenn die Tätigkeiten den Interessen des Arbeitgebers zuwiderlaufen oder sie den Heilungsprozess verzögern[32] (siehe Seite 95 f.).

Nimmt die Nebentätigkeit jedoch einen Umfang an, der vermuten lässt, dass die Krankheit nur vorgetäuscht ist, kann auch eine fristlose Kündigung gerechtfertigt sein.[33]

Problematisch kann im Hinblick auf mögliche Rechtsstreitigkeiten sein, dass eine Nebentätigkeit in der Regel geeignet ist, den Beweiswert der ärztlichen Arbeitsunfähigkeitsbescheinigung zu erschüttern.

Diese Grundsätze gelten nicht nur für Nebentätigkeiten in einem Beschäftigungsverhältnis, sondern für alle Arbeiten – auch Arbeiten am eigenen Haus oder Gefälligkeiten für einen Freund. Sind sie geeignet, den Heilungsprozess zu beeinträchtigen, können sie arbeitsrechtliche Konsequenzen nach sich ziehen.

VIII. Verweigerung einer ärztlichen Untersuchung

Unter bestimmten Umständen (siehe Seite 99 f.) kann der Arbeitgeber den Arbeitnehmer auffordern, sich entweder vom Medizinischen Dienst oder von einem Arzt, der das Vertrauen des Arbeitgebers genießt, untersuchen zu lassen.

Es kann auch die Situation eintreten, dass der untersuchende Arzt auf die Einwilligung des Arbeitnehmers zur Beiziehung von ärztlichen Unterlagen angewiesen ist und der Beschäftigte insoweit seine ihn behandelnden Ärzte von der **Schweigepflicht** befreien muss.

Fraglich ist, welche Konsequenzen mit einer Weigerung, diesen Untersuchungen nachzukommen, verbunden sind. Weigert sich der Arbeitnehmer – auch mehrmals –, sich vom Medizinischen Dienst untersuchen zu lassen, so rechtfertigt dies keine Kündigung.[34] Mit der Weigerung werden lediglich die

---

31 Kittner/Däubler/Zwanziger, KSchR, § 626 BGB Rn. 120.
32 Kittner/Däubler/Zwanziger, KSchR, § 1 KSchG Rn. 220.
33 Kittner/Däubler/Zwanziger, KSchR, § 626 BGB Rn. 120.
34 Lepke, S. 437.

rechtlichen Beziehungen zwischen Krankenkasse und Arbeitnehmer berührt, nicht jedoch arbeitsvertragliche Pflichten.

Unberührt davon bleiben jedoch die Auswirkungen auf ein mögliches arbeitsgerichtliches Verfahren, in welchem auch dieses Verhalten des Arbeitnehmers im Hinblick darauf, ob tatsächlich eine Erkrankung vorgelegen hat, gewürdigt werden kann.

Der Arbeitgeber kann auch bei einer Weigerung des Arbeitnehmers, sich vom Medizinischen Dienst untersuchen zu lassen, nicht die Entgeltfortzahlung verweigern.[35]

Verlangt der Arbeitgeber bei Zweifeln an der Erkrankung eine Untersuchung durch den **Amtsarzt oder** den **Betriebsarzt,** kann der Arbeitnehmer dies ablehnen, ohne rechtliche Konsequenzen fürchten zu müssen.[36] Es muss Angelegenheit des Arbeitnehmers bleiben, ob er vor dem Hintergrund der Darlegungs- und Beweislast in einem gerichtlichen Verfahren ggf. auch Nachteile in Kauf nimmt. Die Weigerung, sich diesen Untersuchungen zu unterziehen, stellt keinen selbständigen Verstoß gegen arbeitsvertragliche Pflichten dar und kann danach auch nicht durch eine Abmahnung oder gar Kündigung sanktioniert werden.[37]

Besteht jedoch nach Gesetz, Tarifvertrag oder Einzelvertrag die Verpflichtung, sich unter bestimmten Bedingungen einer ärztlichen Untersuchung zu unterziehen, so muss der Arbeitnehmer diese Verpflichtung erfüllen. Kommt er dieser Verpflichtung nicht nach, kann nach erfolgter Abmahnung verhaltensbedingt gekündigt werden, ggf. kann sogar eine fristlose Kündigung in Betracht kommen.

Bestehen begründete Zweifel, ob der Arbeitnehmer nur vorübergehend durch Krankheit an der Arbeitsleistung verhindert oder auf Dauer erwerbsgemindert ist, hat er sich, wenn er schuldhaft keinen Rentenantrag stellt, auf Verlangen des Arbeitgebers einer ärztlichen Untersuchung zu unterziehen,[38] soweit hierfür tarifvertragliche Vorschriften bestehen. Ein Verstoß gegen diese Mitwirkungspflicht ist je nach den Umständen des Einzelfalls geeignet, eine Kündigung, auch eine fristlose Kündigung eines tarifvertraglich ordentlich nicht mehr kündbaren Arbeitnehmers zu rechtfertigen.[39] Es kann darüber hinaus auch eine fristlose Kündigung gerechtfertigt sein. Voraussetzung hierfür

---

35 ErfK-Dörner, § 7 EFZG Rn. 26.
36 Lepke, S. 435; Kittner/Däubler/Zwanziger, KSchR, § 1 KSchG Rn. 217.
37 Ebenda.
38 BAG vom 6. 11. 1997 – 2 AZR 801/96, NZA 1998, 326.
39 BAG vom 6. 11. 1997, a.a.O.

ist jedoch eine vorangegangene Abmahnung.[40] Gleiches gilt, wenn der Arbeitnehmer den Untersuchungserfolg dadurch vereitelt, dass er notwendige medizinische Unterlagen nicht zur Verfügung stellt oder – falls für diese Untersuchung notwendig – seine Ärzte nicht von der Schweigepflicht entbindet und es damit unmöglich macht, ein abschließendes Gutachten zu fertigen.[41]

---

40 BAG vom 6.11.1997, a.a.O.
41 BAG vom 6.11.1997, a.a.O.

6. Kapitel
Kündigungsschutz besonderer Personengruppen

I. Schwangerschaft/Mutterschutz/Elternzeit

Bemerkung:
Mit Gesetz vom 30. 11. 2000 (BGBl. I S. 1638) wurde der Begriff »Erziehungsurlaub« durch die Bezeichnung »Elternzeit« ersetzt. Darüber hinaus wurde das Bundeserziehungsgeldgesetz, welches jetzt »Gesetz zum Erziehungsgeld und zur Elternzeit« heißt, am 12. 10. 2000 geändert. Für die hier interessierende Frage des Kündigungsschutzes haben diese Änderungen jedoch zu keinem Unterschied zum bisher geltenden Recht geführt.

Der Kündigungsschutz während der Schwangerschaft, des Mutterschutzes und der Elternzeit ist sehr weitgehend, grundsätzlich besteht ein **absolutes Kündigungsverbot.** Dieses Kündigungsverbot besteht auch im Hinblick auf krankheitsbedingte Kündigungen. Jedoch kann nach § 9 Abs. 3 MuSchG die für den Arbeitsschutz zuständige oberste Landesbehörde in besonderen Fällen, die nicht mit dem Zustand einer Frau während der Schwangerschaft oder ihrer Lage bis zum Ablauf von vier Monaten nach der Entbindung im Zusammenhang stehen, ausnahmsweise die Kündigung für zulässig erklären.

Dies kann dann der Fall sein, wenn während der Schwangerschaft eine von dieser unabhängige Krankheit auftritt, die über den Zeitraum, über den die Schwangere Schutz genießt, andauern wird. Die Gründe für eine solche Zulässigkeitserklärung können auch in betrieblichen Gründen liegen. Diese greifen aber nur dann, wenn eine Aufrechterhaltung des Arbeitsverhältnisses aus betrieblichen Gründen unzumutbar wäre. Dies setzt zumindest eine nachhaltige Existenzgefährdung des gesamten Betriebes voraus. Eine lediglich schwierige wirtschaftliche Lage des Betriebes rechtfertigt eine Kündigung nicht, auch bei wirtschaftlich schwieriger Lage sollen die Frauen ihren Arbeitsplatz behalten können.[1]

---

1 ErfK-Schlachter, § 9 MuSchG Rn. 16.

Eine personenbedingte Kündigung kann ebenfalls in Betracht kommen. Voraussetzung ist jedoch der Vorwurf schwerster Pflichtverletzungen.[2]

§ 18 BErzGG enthält für die Elternzeit eine analoge Regelung. Danach besteht Kündigungsschutz für die gesamte Dauer der Elternzeit. Der Kündigungsschutz beginnt mit dem Zeitpunkt, in dem die Elternzeit dem Arbeitgeber angezeigt wird, jedoch höchstens acht Wochen vor ihrem Beginn.

Der Vollständigkeit halber sei noch darauf hingewiesen, dass Frauen, die im Zeitpunkt der Kündigung schwanger sind, ohne dass dies dem Arbeitgeber bekannt ist, diesen innerhalb einer Frist von zwei Wochen nach Zugang der Kündigung über die Schwangerschaft informieren müssen, um den Kündigungsschutz zu erhalten.

II. Schwerbehinderte

Schwerbehinderte und ihnen Gleichgestellte genießen einen **besonderen Kündigungsschutz**, der auch bei krankheitsbedingten Kündigungen – egal, ob ordentlich oder außerordentlich gekündigt wird – greift.

Voraussetzung dafür, dass dieser Schutz greift, ist, dass der Beschäftigte im Zeitpunkt der Kündigung

◆ entweder als Schwerbehinderter anerkannt oder einem Schwerbehinderten gleichgestellt ist und

◆ den Antrag auf Anerkennung als Schwerbehinderter bzw. den Gleichstellungsantrag gestellt hat.

Eine Schwerbehinderung liegt nach § 1 SchwbG bei einem Grad der Behinderung von mindestens 50 vor. Nach § 2 SchwbG sind Personen mit einem Grad der Behinderung von weniger als 50, jedoch mindestens 30 auf ihren Antrag hin vom Arbeitsamt den Schwerbehinderten gleichzustellen, wenn sie ohne die Gleichstellung einen geeigneten Arbeitsplatz i.S.d. § 7 SchwbG nicht erlangen oder nicht behalten können. In der Praxis wird die Gleichstellung immer zuerkannnt.

Nach § 20 SchwbG greift der besondere Kündigungsschutz jedoch erst nach sechsmonatigem Bestehen des Arbeitsverhältnisses. Er besteht unabhängig davon, ob dem Arbeitgeber die Schwerbehinderteneigenschaft bekannt war oder nicht.

---

2 Kittner/Däubler/Zwanziger, KSchR, § 9 MuschG Rn. 34.

Liegt der besondere Kündigungsschutz vor, kann der Arbeitgeber nach § 15 SchwbG nur nach erteilter Zustimmung der Hauptfürsorgestelle eine Kündigung aussprechen. Eine Kündigung ohne Zustimmung oder vor Eingang der Zustimmung ist unheilbar rechtswidrig.[3]

War dem Arbeitgeber die Schwerbehinderteneigenschaft im Zeitpunkt des Zugangs der Kündigung nicht bekannt und hat er deswegen die Zustimmung der Hauptfürsorgestelle nicht eingeholt, so entlastet ihn das nicht. Es kommt entscheidend auf die objektiven Gegebenheiten an. Wenn die oben genannten Voraussetzungen vorliegen, ist die Kündigung trotzdem nichtig. Allerdings hat der Arbeitnehmer dem Arbeitgeber innerhalb eines Monats nach Zugang der Kündigung die Schwerbehinderteneigenschaft mitzuteilen und sich ausdrücklich auf den besonderen Kündigungsschutz zu berufen.[4] Ist die Schwerbehinderteneigenschaft und ein Grad der Behinderung von mindestens 50 offensichtlich, so kann die Mitteilung unterbleiben.

Die Hauptfürsorgestelle hat auf Antrag des Arbeitgebers zu entscheiden. Sie hat den Beschäftigten anzuhören. Eine Entscheidung ohne Anhörung führt zu einem fehlerhaften Bescheid.[5]

Wichtig ist der Hinweis, dass die Hauptfürsorgestelle nicht die arbeitsrechtliche Richtigkeit der Kündigung zu prüfen hat. Ihr obliegt alleine die Prüfung, ob der **Zweck des Schwerbehindertengesetzes** – die besonderen Belastungen, denen der Behinderte im Arbeitsleben ausgesetzt ist, auszugleichen[6] – verletzt wird. Damit prüft die Hauptfürsorgestelle auch nicht, ob z.B. die behaupteten Fehlzeiten oder die daraus abgeleitete negative gesundheitliche Prognose zutreffend ist oder ob die besonderen betrieblichen Belastungen richtig dargestellt und die Interessenabwägung zutreffend vorgenommen wurde. Diese Prüfung obliegt den Arbeitsgerichten in einem auf die Kündigung folgenden Kündigungsschutzverfahren.

Eine Besonderheit ist bei der außerordentlichen Kündigung zu beachten. Nach § 21 SchwbG kann die Zustimmung nur innerhalb einer Frist von zwei Wochen beantragt werden. Diese Frist beginnt mit dem Tag zu laufen, an dem der Arbeitgeber von den für die Kündigung maßgebenden Tatsachen Kenntnis erlangt hat. Es handelt sich hier um eine Regelung, die an § 626 Abs. 2 BGB angelehnt ist. Es sind die dortigen Ausführungen (siehe Seite 60 ff.) vollständig übertragbar. Die Einhaltung der Frist ist von der Hauptfürsorgestelle zu über-

---

3 Kittner/Däubler/Zwanziger, KSchR, § 15 SchwbG Rn. 39.
4 Kittner/Däubler/Zwanziger, KSchR, § 15 SchwbG Rn. 25 ff. m.w.N.
5 ErfK-Steinmeyer, § 17 SchwbG Rn. 1.
6 BVerwG vom 28.2.1968 – V C 33.66, AP Nr. 29 zu § 14 SchwbG.

prüfen: Sie ist an der Zustimmung gehindert, wenn die Frist nicht eingehalten wurde. Erteilt sie die Zustimmung, obwohl die Frist nicht eingehalten wurde, und wird daraufhin gekündigt, bleibt die Kündigung wirksam. Eine Ausnahme soll nur dann gemacht werden, wenn die Frist so offensichtlich nicht eingehalten wurde, dass die erteilte Zustimmung nichtig ist.[7]

Nach § 21 Abs. 3 SchwbG hat die Hauptfürsorgestelle binnen zwei Wochen nach Eingang des Antrags zu entscheiden. Entscheidet sie nicht innerhalb dieser Frist, gilt die Zustimmung als erteilt. Auch wenn die Zustimmung auf diese Art zustande gekommen ist, stehen dem Beschäftigten Widerspruch und Klage gegen die Zustimmung zu.

Als Ergänzung sei noch auf § 16 SchwbG und § 47 SchwbG hingewiesen. Nach § 16 SchwbG beträgt die Kündigungsfrist eines Schwerbehinderten mindestens vier Wochen. Diese **Mindestfrist** gilt unabhängig von sonstigen tarifvertraglichen oder einzelvertraglichen Regelungen, soweit diese nicht günstiger sind, d. h. eine längere Kündigungsfrist vorsehen. Die Mindestfrist ist nicht abdingbar. Sind Regelungen über Kündigungszeitpunkte – z.B. nur zum Monats- oder Quartalsende – getroffen, so sind diese Regelungen mit der Frist des § 16 SchwbG zu verbinden. Die Frist beginnt erst nach Zustimmung der Hauptfürsorgestelle zu laufen.[8]

Nach § 47 SchwbG steht dem Schwerbehinderten ein **zusätzlicher bezahlter Urlaub** von fünf Arbeitstagen im Urlaubsjahr zu. Gilt für den Beschäftigten nicht die 5-Tage-Woche, erhöht oder vermindert sich dieser Anspruch entsprechend. Für die in diesem Buch abgehandelten Fallkonstellationen der Kündigung ist diese Regelung insoweit von Interesse, als im Kündigungsfall ggf. über Urlaubsabgeltung bzw. Resturlaub zu reden sein wird. Dieser erhöhte Urlaubsanspruch des Schwerbehinderten wird dabei oft übersehen.

---

7 Kittner/Däubler/Zwanziger, KSchR, § 21 SchwbG Rn. 5.
8 ErfK-Steinmeyer, § 16 SchwbG Rn. 1.

7. Kapitel

Entgeltfortzahlung im Krankheitsfall

Im Folgenden wird der Vollständigkeit halber ein kurzer Überblick über die Fragen der Entgeltfortzahlung, welche lediglich eine andere Bezeichnung für Lohnfortzahlung ist, im Krankheitsfall gegeben. Dies kann nicht erschöpfend geschehen, es sollen jedoch die entscheidenden Probleme angesprochen werden. Der Anspruch auf Fortzahlung des Entgeltes regelt sich nach § 3 EFZG, die Höhe nach § 4 EFZG.

I. Verschulden

Nach § 3 EFZG hat der Arbeitnehmer Anspruch auf Entgeltfortzahlung, wenn er infolge Krankheit arbeitsunfähig ist, ohne dass ihn ein Verschulden trifft.

Zur ersten Voraussetzung, dem Vorliegen einer krankheitsbedingten Arbeitsunfähigkeit, kann auf die Ausführungen auf Seite 18 ff. verwiesen werden.

Die zweite Voraussetzung, ob ein Verschulden des Arbeitnehmers gegeben ist, gestaltet sich oft problematisch. Verschulden liegt dann vor, wenn ein grober Verstoß gegen das eigene Interesse eines verständigen Menschen vorliegt.[1] Leichtsinniges Verhalten erfüllt diese Voraussetzung nicht, allenfalls kommt besonders leichtfertiges oder vorsätzliches Handeln in Betracht. Diese Kriterien sind an alle Handlungen anzulegen, die zur Krankheit geführt haben. Bei Arbeitsunfällen kann dies dann der Fall sein, wenn die Unfallverhütungsvorschriften nicht beachtet werden und dies ursächlich für den Unfall ist. Krankheit infolge einer Schlägerei ist nicht per se schuldhaft. Ein Verschulden ist nur gegeben, wenn die Schlägerei selbst begonnen oder provoziert wurde.

Der Arbeitgeber, der sich auf ein Verschulden beruft, ist für das Vorliegen darlegungs- und beweispflichtig.

---

1 ErfK-Dörner, § 3 EFZG Rn. 46.

II.   Wartefrist

Der Entgeltfortzahlungsanspruch entsteht nach einer **Wartefrist von vier Wochen**. Das Arbeitsverhältnis muss also vier Wochen bestanden haben, damit der erkrankte Arbeitnehmer die Entgeltfortzahlung überhaupt beanspruchen kann. Hierbei kommt es nicht darauf an, ob eine tatsächliche Beschäftigung vorgelegen hat, es ist alleine auf das formelle Bestehen des Arbeitsverhältnisses abzustellen.[2] Damit hat auch ein Beschäftigter, der vom ersten Tag des Arbeitsverhältnisses an arbeitsunfähig erkrankt, ab dem ersten Tag der fünften Woche Anspruch auf die Fortzahlung des Entgelts. Die Wartezeit gilt auch bei einem Arbeitsunfall oder einer Berufskrankheit.[3]

III.   Dauer des Anspruchs

Der Anspruch auf Entgeltfortzahlung besteht für maximal sechs Wochen, d.h. 42 Kalendertage. Er endet vor dieser Frist mit dem Zeitpunkt, den der Arzt in seinem Attest als letzten Tag der Arbeitsunfähigkeit bezeichnet hat.

Die Frage, ob der maximal sechswöchige Anspruch auf Fortzahlung des Arbeitsentgelts bei jeder Arbeitsunfähigkeit neu entsteht, führt immer wieder zu Problemen. Grundsätzlich gilt: Bei mehrfachen Krankschreibungen kommt es darauf an, ob der Arbeitsunfähigkeit die gleiche oder unterschiedliche Erkrankungen zugrundeliegen.

Bei verschiedenen Krankheiten beginnt der 6-Wochen-Zeitraum jedes Mal neu. Der Arbeitnehmer hat bei jeder Erkrankung Anspruch auf sechs Wochen Entgeltfortzahlung. Zum Nachweis, dass es sich um eine andere Krankheitsursache handelt, stellen die Krankenkassen Bescheinigungen aus, die keine Diagnosen enthalten.

Ist dieselbe Krankheit Ursache für die Arbeitsunfähigkeit, so entsteht der Anspruch dann neu, wenn der Arbeitnehmer sechs Monate lang wegen dieser Krankheit nicht arbeitsunfähig war. Maßgeblicher Zeitpunkt ist das Ende der vorangegangenen Erkrankung. Ist seit Beginn der vorangegangenen selben Erkrankung eine Frist von zwölf Monaten vergangen, erwirbt der Beschäftigte – unabhängig vom Ende der Erkrankung – einen neuen Anspruch auf Entgeltfortzahlung für die Dauer von 42 Tagen. Dies gilt auch dann, wenn die

---

2   ErfK-Dörner, § 3 EFZG Rn. 68.
3   ErfK-Dörner, § 3 EFZG Rn. 69.

Krankheit zwar noch im zwölften Monat beginnt, aber in den 13. Monat hineinreicht. Dann entsteht der Anspruch mit dem ersten Tag des 13. Monats.[4]

Hinsichtlich der Anspruchsdauer der Entgeltfortzahlung sind in Tarifverträgen oft deutlich längere Zeiträume als die gesetzlichen sechs Wochen vereinbart. Bei längeren oder häufigeren Erkrankungen muss daher unbedingt in den jeweils gültigen Tarifverträgen geprüft werden, ob solche Regelungen vorliegen. Zum Problem der Entgeltfortzahlung bei Beendigung des Arbeitsverhältnisses siehe Seite 131 ff.

---

4   ErfK-Dörner, § 3 EFZG Rn. 90.

8. Kapitel
Krankheit und Urlaub

I.   Krankheit im Urlaub

Immer wieder kommt es vor, dass Arbeitnehmer im Urlaub arbeitsunfähig erkranken und sich die Frage stellt, was dann mit dem Urlaubsanspruch geschieht. Liegt aufgrund der Erkrankung Arbeitsunfähigkeit vor, so werden nach § 9 BUrlG die durch ärztliches Zeugnis nachgewiesenen Tage der Arbeitsunfähigkeit nicht auf den Jahresurlaub angerechnet, sondern bleiben erhalten. Entscheidend für den **Erhalt des Urlaubsanspruchs** ist also, dass eine Erkrankung während des Urlaubs eine Arbeitsunfähigkeit zur Folge hat und dass diese ärztlich bescheinigt ist.

Nicht jede Krankheit führt also dazu, dass keine Anrechnung auf den Urlaub stattfindet, sondern nur eine Erkrankung, die die Arbeitsunfähigkeit zur Folge hat.

Wichtig ist, dass die Arbeitsunfähigkeit durch ärztliches Attest nachgewiesen wird. Ohne Attest erfolgt kein Erhalt des Urlaubsanspruchs. Zu den Anforderungen an ein ärztliches Attest siehe Seite 93.

II.   Urlaubsabgeltung

Kann aufgrund einer krankheitsbedingten Kündigung der noch offene Urlaubsanspruch nicht mehr gewährt werden, hat der Arbeitnehmer nach § 7 BUrlG einen Anspruch auf Abgeltung des Urlaubs. Das bedeutet, dass er einen Anspruch auf Auszahlung des Betrages hat, der sich für den noch verbleibenden Urlaub an Entgelt errechnet. Dies soll dazu dienen, dass der Arbeitnehmer sich nach Genesung mit dieser Zahlung Erholungszeit nehmen kann.

Allerdings kann der Arbeitgeber den Beschäftigten auch während der Kündigungsfrist von der Erbringung der Leistung freistellen und damit den Urlaubsanspruch gewähren. Dies geht jedoch nur dann, wenn der Arbeitnehmer überhaupt leistungsfähig, d.h. gesund ist. Ist er während der gesamten Kündigungsfrist arbeitsunfähig erkrankt, so besteht ein Abgeltungsanspruch. Dies ist insoweit in der Praxis regelmäßig unproblematisch.

Probleme treten meist dann auf, wenn die Erkrankung bereits zu Beginn des Jahres auftritt und sich bis zum Ende der Kündigungsfrist hinzieht, ohne dass zwischenzeitlich Arbeitsfähigkeit bestanden hat. In solchen Fällen wird die Auffassung vertreten, dass die Geltendmachung des Urlaubsanspruchs rechtsmissbräuchlich wäre. Hierzu hat das *BAG* entschieden, dass ein Arbeitnehmer seinen Anspruch auf Erholungsurlaub nicht dadurch verliere, dass er im Urlaubsjahr nur eine geringe Arbeitsleistung erbracht habe.[1] Diese Auffassung hat das *BAG* trotz heftiger Kritik noch einmal bestätigt und festgestellt, dass der Urlaubsanspruch nach dem BUrlG nicht an Arbeitsleistungen des Arbeitnehmers gebunden sei. Damit wird ein solcher Anspruch nicht wegen Rechtsmissbrauchs ausgeschlossen, wenn ein Arbeitnehmer im Urlaubsjahr oder im Übertragungszeitraum wegen Krankheit nicht gearbeitet hat.[2] Im Jahr 1998 hat das *BAG*[3] festgestellt, dass ein Anspruch auf Urlaubsabgeltung auch dann nicht wegen Rechtsmissbrauchs ausgeschlossen sei, wenn ein Arbeitnehmer im Urlaubsjahr oder im Übertragungszeitraum wegen Krankheit nicht gearbeitet habe.

Damit ist festzuhalten, dass ein Abgeltungsanspruch auch dann besteht, wenn krankheitsbedingt im Urlaubsjahr nur eine geringe oder keine Arbeitsleistung erbracht wurde. Die Geltendmachung dieses Anspruchs ist nicht rechtsmissbräuchlich.

III. Verfall des Urlaubs

Zu beachten ist, dass der Urlaubsanspruch nur im jeweiligen Urlaubsjahr, d.h. im Kalenderjahr besteht. Der Urlaub muss nach § 7 Abs. 3 BUrlG im Kalenderjahr genommen werden, sonst verfällt er. Eine **Übertragung** in das nächste Kalenderjahr ist nur in Ausnahmefällen möglich. Ist der Arbeitnehmer während der gesamten Anspruchszeit arbeitsunfähig krank, so erlischt sein Urlaubsanspruch. Ist der Arbeitnehmer im Kalenderjahr so lange krank, dass er seinen Urlaub nicht mehr nehmen kann, so stellt dies einen Übertragungs-

---

1 BAG vom 28.1.1982 – 6 AZR 571/79, DB 1982, 1823.
2 BAG vom 8.3.1984 – 6 AZR 600/82, NZA 1984, 197.
3 BAG vom 20.1.1998 – 9 AZR 812/96, NZA 1998, 816.

grund dar. Gleiches gilt, wenn die Erkrankung so lange dauert, dass nur ein Teil des Urlaubs genommen werden kann. Der Rest kann dann übertragen werden.

IV.   Erkrankung vor Urlaubsantritt

Erkrankt der Arbeitnehmer vor Urlaubsantritt, bleibt ihm der Urlaubsanspruch erhalten. Er kann seinen Urlaub aufgrund der Erkrankung nicht antreten.

9. Kapitel
Kündigung des Arbeitnehmers

Selbstverständlich steht auch dem Arbeitnehmer ein krankheitsbedingtes Kündigungsrecht zu. Ein Recht zur fristgerechten Kündigung ist – außer in befristeten Beschäftigungsverhältnissen, in denen die Möglichkeit zu einer fristgerechten Kündigung oft nicht eingeräumt wird – an keine Einschränkungen gebunden; es kann demnach immer ausgeübt werden. Soweit gesetzlich, tarifvertraglich oder durch Betriebsvereinbarung eine ordentliche Kündigung ausgeschlossen ist, betrifft dies nur die arbeitgeberseitige Kündigungsmöglichkeit, der Arbeitnehmer bleibt in seiner Entscheidung frei.

Vor diesem Hintergrund ist demnach im Folgenden nur das Recht des Arbeitsnehmers auf eine fristlose Kündigung von Interesse. Eine solche **arbeitnehmerseitige fristlose Kündigung** bedarf ebenso wie die des Arbeitgebers eines wichtigen Grundes nach § 626 BGB. Auch auf Arbeitnehmerseite gilt, dass ein solcher in den Fällen der krankheitsbedingten Kündigung in der Regel nicht vorliegen dürfte, da auch dem Arbeitnehmer das Abwarten der Kündigungsfrist zumutbar sein dürfte.

Nur in wenigen Ausnahmefällen kann sich der Arbeitnehmer damit auf ein Recht zur außerordentlichen Kündigung berufen. Dies kommt dann in Betracht, wenn eine Weiterarbeit bis zum Ablauf der Kündigungsfrist eine Gefahr für seine Gesundheit darstellen würde, ohne dass dies aus dem Bereich des Arbeitnehmers kommt. Dies kann z.B. dann der Fall sein, wenn ein ansonsten gesunder Arbeitnehmer allergisch gegen bestimmte Stoffe ist, mit denen er bei ordnungsgemäßer Erledigung seiner Arbeitsaufgaben unvermeidlich in Berührung kommt.

Das *BAG* hatte über eine außerordentliche Kündigung eines Arbeitnehmers zu entscheiden. Der Arbeitnehmer hatte wegen seines Gesundheitszustandes, der ihm nur noch halbtags leichte Bürotätigkeit erlaubte, fristlos gekündigt. Das Gericht hat entschieden, dass diese Kündigung nicht wirksam sei. Der Arbeitnehmer hätte dem Arbeitgeber zunächst die Möglichkeit einräumen müssen, ihn nach Maßgabe seiner verbliebenen Arbeitskraft weiter zu beschäftigen. Ohne ein solches Angebot des Arbeitnehmers sei dessen außerordentliche Kündigung in aller Regel unwirksam.[1]

Hinweis:
Ausdrücklich und sehr nachhaltig soll aber an dieser Stelle darauf hingewiesen werden, dass eine ordentliche oder außerordentliche Kündigung des Arbeitnehmers sehr genau überlegt werden sollte. In der Regel ist sie unvernünftig und macht keinen Sinn, es sei denn, der Arbeitnehmer hat bereits sicher einen Anschlussarbeitsplatz. In einem solchen Fall kann es, um eine schnelle Lösung des Arbeitsverhältnisses zu erreichen, welcher der Arbeitgeber nicht zustimmt, nützlich sein, eine Möglichkeit zur außerordentlichen Kündigung zu haben.

In allen anderen Fällen ist nicht recht einsehbar, warum dem Arbeitgeber die Verpflichtung abgenommen werden soll, dem Arbeitnehmer Arbeiten zuzuweisen, die dieser ohne Gefahr für seine Gesundheit erfüllen kann. Ist dies dem Arbeitgeber nicht möglich, so steht ihm – in den oben gezeigten Grenzen – die Möglichkeit der arbeitgeberseitigen Kündigung zur Seite.

In diesem Zusammenhang ist auch auf die sozialrechtlichen Folgen einer Kündigung des Arbeitnehmers hinzuweisen. Trägt der Arbeitnehmer mit dazu bei, das Arbeitsverhältnis zu lösen, ohne dass ein wichtiger Grund für die Beendigung vorliegt, und hat dies die Arbeitslosigkeit zur Folge, führt dies in der Regel zu einer vom Arbeitsamt im Hinblick auf den Bezug von Arbeitslosengeld verhängten Sperrfrist. Ob das Arbeitsamt den wichtigen Grund anerkennt, stellt sich erst im Nachhinein heraus, sodass eine arbeitnehmerseitige Kündigung immer mit einem hohen Risiko verbunden ist.

Achtung:
Vor diesem Hintergrund kann auch nur davor gewarnt werden, dem oftmaligen Drängen des Arbeitgebers zum Abschluss eines Aufhebungsvertrages nachzugeben. Dies hat in der Regel nur für den Arbeitgeber Vorteile. Er vermeidet jedes Risiko, das einer arbeitgeberseitigen Kündigung anhängt.

---

1 BAG vom 2. 2. 1973 – 2 AZR 172/72, BB 1973, 750.

10. Kapitel
Folgen einer Kündigung

Für den Fall, dass ein Arbeitsverhältnis aufgrund der Erkrankung eines Arbeitnehmers oder wegen Verstößen gegen Nebenpflichten im Zusammenhang mit einer krankheitsbedingten Arbeitsunfähigkeit beendet wurde, können auch im Hinblick auf die Abwicklung des Arbeitsverhältnisses noch Probleme und Fragen auftreten. Auf diese soll im folgenden Kapitel eingegangen werden.

I. Entgeltfortzahlung

Grundsätzlich gilt, dass der Anspruch auf Entgeltfortzahlung mit Beendigung des Arbeitsverhältnisses endet. Dabei kommt es nicht darauf an, aus welchem Grund – Kündigung, Befristung, Auflösungsvertrag – die Beendigung eintritt. Zwei wichtige Ausnahmen hiervon macht jedoch § 8 EFZG. Der Anspruch auf Entgeltfortzahlung bleibt zum einen dann erhalten, wenn der Arbeitgeber aus Anlass der Krankheit kündigt, zum anderen dann, wenn der Arbeitnehmer berechtigt aus einem wichtigem Grund, d.h. außerordentlich kündigt.

1. Kündigung aus Anlass der Krankheit durch den Arbeitgeber

Bedeutung erlangt die Vorschrift nur bei wirksamen arbeitgeberseitigen Kündigungen, wobei es nicht darauf ankommt, ob die Kündigung gerichtlich überprüft oder ob sie vom Arbeitnehmer einfach akzeptiert wurde. Entscheidend ist alleine, dass diese Kündigung das Arbeitsverhältnis beendet. Ist eine Kündigung unwirksam, so beendet sie das Arbeitsverhältnis nicht und der Anspruch auf Entgeltfortzahlung bleibt im ungekündigten Arbeitsverhältnis erhalten.

Die Kündigung muss weiter **aus Anlass der Arbeitsunfähigkeit** ausgesprochen worden sein. Damit führt nicht jede Kündigung während einer krankheitsbedingten Arbeitsunfähigkeit zu dem Ergebnis, dass die Entgeltfortzah-

131

lung erhalten bleibt. Der Arbeitgeber kann z. B. auch während der Krankheit betriebsbedingt kündigen. Wenn die Kündigung gegenüber dem arbeitsunfähigen Arbeitnehmer nach § 1 KSchG in solchen Fällen wirksam ist, führt dies zum Verlust des Anspruchs auf Entgeltfortzahlung. Gleiches gilt für den Beispielsfall, dass der Arbeitgeber während der Erkrankung einen Betrug des Arbeitnehmers entdeckt, der ihm das Recht zur außerordentlichen Kündigung verschafft.

Nur wenn die Arbeitsunfähigkeit der Anlass für den Kündigungsentschluss des Arbeitgebers ist, greift § 8 Abs. 1 Satz 1 EFZG und der Anspruch auf Entgeltfortzahlung bleibt erhalten.

Die Erkrankung ist dann Anlass, wenn sie die Entscheidung des Arbeitgebers beeinflusst, gerade jetzt den Kündigungsgrund auszunutzen und die Kündigung zu erklären.[1] Das *BAG* hat entschieden, »aus Anlass« beziehe sich auf den zur Kündigung bewegenden Grund; innerhalb der Ursachenkette müsse sich die Arbeitsunfähigkeit als eine die Kündigung wesentlich mitbestimmende Bedingung darstellen; sie müsse den entscheidenden Anstoß für den Entschluss des Arbeitgebers zum Ausspruch der Kündigung gegeben haben.[2]

Das bedeutet, dass der Kündigungsgrund nicht immer die Erkrankung sein muss. Der Arbeitgeber, der sich schon immer über den Arbeitnehmer geärgert hat und anlässlich der Mitteilung einer Arbeitsunfähigkeit so in Wut gerät, dass er nunmehr kündigt, spricht diese Kündigung im Sinne des § 8 EFZG »aus Anlass« der Arbeitsunfähigkeit aus, auch wenn er sie nicht auf die Erkrankung stützen kann und will.

In den Fällen, in denen die Kündigung mit der Erkrankung begründet wird, ist der Fall immer eindeutig. Hier liegt immer eine Kündigung »aus Anlass« der Arbeitsunfähigkeit vor.

Um den Schutzzweck dieser Vorschrift für den Arbeitnehmer sicherzustellen, ist der Begriff »aus Anlass« weit auszulegen.[3] Darunter fallen alle Gründe, die auch nur irgendwie in Verbindung zur Erkrankung stehen. Dies können auch Beschäftigungsverbote infolge einer Erkrankung sein, Vermeidung von Unruhe im Betrieb, Schutzüberlegungen sowohl im Hinblick auf den Erkrankten als auch auf andere Beschäftigte usw.

Nicht von einer Kündigung aus Anlass einer Arbeitsunfähigkeit kann dann ausgegangen werden, wenn der Arbeitgeber im Zeitpunkt der Kündigung nichts von einer krankheitsbedingten Arbeitsunfähigkeit weiß. Kündigt der

---

1 ErfK-Dörner, § 8 EFZG Rn. 9.
2 BAG vom 5. 2. 1998 – 2 AZR 270/97, NZA 1998, 644.
3 ErfK-Dörner, § 8 EFZG Rn. 9.

Arbeitgeber jedoch sofort nach Kenntnis einer Fehlzeit, ohne die Meldefristen des § 3 Abs. 1 EFZG abzuwarten, kann er sich nicht darauf berufen, dass er von einer Krankheit nichts gewusst habe.[4] Man darf sich nicht vorsätzlich in Unkenntnis halten, um daraus Rechtsvorteile zu ziehen. Zu beachten ist aber, dass eine Kündigung, die deshalb erfolgt, weil der Arbeitnehmer seinen Nebenpflichten, z.B. der Meldepflicht, nicht nachgekommen ist, zwar auch eine Kündigung ist, die im Zusammenhang mit einer Arbeitsunfähigkeit steht, jedoch nicht die Privilegierung des § 8 EFZG erfahren kann. Der Arbeitnehmer, der durch nicht ordnungsgemäßes Handeln selbst den Kündigungsgrund setzt, kann sich nicht auf die Vorteile des § 8 EFZG berufen. Hier sollen nur die Arbeitnehmer geschützt werden, die unverschuldet wegen ihrer Arbeitsunfähigkeit den Arbeitsplatz verlieren.

Kommt es zum Streit darüber, ob der Arbeitgeber das Entgelt fortzahlen muss, so ist der Arbeitnehmer dafür, dass die Kündigung aus Anlass der Arbeitsunfähigkeit ausgesprochen wurde, darlegungs- und beweispflichtig. In den meisten Fällen genügt der Hinweis auf die Kenntnis der Arbeitsunfähigkeit auf Seiten des Arbeitgebers und auf den zeitlichen Zusammenhang im Hinblick auf den Ausspruch der Kündigung, um dieser Verpflichtung nachzukommen. Diesem Vortrag muss dann vom Arbeitgeber mit einem anderen Tatsachenvortrag begegnet werden, d.h., er muss in diesen Fällen darlegen und beweisen, dass andere Gründe für den Kündigungsentschluss maßgebend waren. Lässt sich der Sachverhalt jedoch nicht völlig aufklären, trägt der Arbeitnehmer das **Prozessrisiko**, da er dann nicht beweisen konnte, dass der Arbeitgeber aus Anlass der Arbeitsunfähigkeit gekündigt hat.

Streitig ist, ob § 8 EFZG auch dann eingreift, wenn ein Auflösungsvertrag geschlossen wurde. Problematisch ist hier, dass nicht eine arbeitgeberseitige Kündigung, sondern der einvernehmliche Auflösungsvergleich das Arbeitsverhältnis beendet hat. In den Fällen, in denen der Vergleich auf eine arbeitgeberseitige Kündigung wegen Arbeitsunfähigkeit folgt, z.B. bei einem gerichtlichen Vergleich im Rahmen eines Kündigungsschutzprozesses, hat die Vorschrift Gültigkeit.[5]

Endet das Arbeitsverhältnis aufgrund einer Befristung während einer Arbeitsunfähigkeit, so besteht nach § 8 Abs. 2 Satz 1 EFZG kein Anspruch auf Entgeltfortzahlung über den Beendigungszeitpunkt hinaus. Die Zahlung endet mit dem letzten Arbeitstag.

---

4 ErfK-Dörner, § 8 EFZG Rn. 16.
5 ErfK-Dörner, § 8 EFZG Rn. 29.

2.   Außerordentliche Kündigung des Arbeitnehmers

Der Arbeitnehmer hat nach einer eigenen außerordentlichen Kündigung dann Anspruch auf Entgeltfortzahlung, wenn ein wichtiger Grund für die Kündigung vorgelegen hat. Dies bestimmt sich nach § 626 BGB. Der Arbeitnehmer kann sich erfolgreich auf **alle** wichtigen Gründe berufen, nicht nur auf solche, die im Zusammenhang mit der Erkrankung stehen, wenngleich diese in der Praxis am häufigsten sein dürften. Denkbar wären hier z.B. der in beleidigender Form geäußerte unzutreffende Verdacht, die Krankheit sei nur vorgetäuscht, oder die Weigerung des Arbeitgebers, sich an arbeitsschutzrechtliche Vorschriften zu halten, und die daraus entstehende Gefahr für die Gesundheit des Arbeitnehmers.

Hinzuweisen ist allerdings darauf, dass Prognosen darüber, ob tatsächlich ein wichtiger Grund vorgelegen hat, außerordentlich schwierig sind. Deshalb ist eine außerordentliche Kündigung immer mit einem hohen Risiko verbunden.

3.   Dauer der Entgeltfortzahlung

Nach einer Kündigung kann die Entgeltfortzahlung über den Beendigungstermin des Arbeitsverhältnisses hinaus andauern, längstens jedoch bis zum Ablauf der gesetzlichen Frist von sechs Wochen oder, falls solche bestehen, bis zum Ablauf der Fristen aus den Tarifverträgen.

II.   Urlaub

Hierzu kann auf die Ausführungen im 8. Kapitel »Krankheit und Urlaub« (siehe Seite 126 ff.) verwiesen werden.

III.   Erkrankung infolge einer Kündigung

Es ist durchaus vorstellbar, dass Arbeitnehmer infolge einer Kündigung erkranken können. Hier kommen insbesondere psychische und psychosomatische Erkrankungen in Betracht. Untersuchungen haben gezeigt, dass zwischen dem Verlust des Arbeitsplatzes und psychischen Beschwerden ein enger Zusammenhang bestehen kann und bei vielen, zum Teil über der Hälfte der Befragten, auch tatsächlich besteht. Die Frage ist, ob daraus Forderungen gegenüber dem Arbeitgeber abgeleitet werden können. Es könnten hier Schadensersatz- und Schmerzengeldansprüche in Betracht kommen.

Dies kann jedoch grundsätzlich nur dann der Fall sein, wenn eine rechtswidrige Kündigung ausgesprochen wurde und diese dann Folgen zeigt, die über das übliche Maß der Beeinträchtigungen, die mit einer Kündigung verbunden sind, hinausgehen und dies dem Arbeitgeber schuldhaft zurechenbar ist. Das bedeutet, dass der Arbeitgeber z.B. in Kenntnis einer Erkrankung des Arbeitnehmers eine rechtswidrige Kündigung ausspricht, obwohl er damit rechnen muss, dass dadurch eine Verschlimmerung des Leidens eintritt.

Solche Fallkonstellationen werden in der Praxis jedoch eher selten auftreten, da davon ausgegangen werden muss, dass in den wenigsten Fällen die Kündigung alleinige Ursache für die Erkrankung ist. In der Regel wird es eher so sein, dass durch die Kündigung bereits vorhandene Erkrankungen zum Ausbruch kommen. Darüber hinaus wird dem Arbeitgeber auch nur selten ein schuldhaftes Handeln nachzuweisen sein. Ist ein solcher Fall ausnahmsweise gegeben, haftet der Arbeitgeber für Schadensersatz und Schmerzensgeld.

IV. Zeugnis

Der Arbeitnehmer hat bei Beendigung seines Arbeitsverhältnisses nach § 630 BGB einen Anspruch auf Erteilung eines Zeugnisses. Dieses hat über Art und Dauer des Beschäftigungsverhältnisses Auskunft zu geben. Soweit der Arbeitnehmer dies verlangt, muss das Zeugnis auch Angaben über Leistung und Führung enthalten. Hier stellt sich nun die Frage, ob in einem solchen Zeugnis auch Angaben über Erkrankungen und deren Dauer enthalten sein dürfen.

Auf jeden Fall dürfen durchschnittliche krankheitsbedingte Fehlzeiten nicht in ein Zeugnis aufgenommen werden, da sie über die Leistung und Führung des Arbeitnehmers nichts Kennzeichnendes aussagen. Solche Aussagen haben in einem Zeugnis nichts zu suchen. Ein Zeugnis soll den konkreten Arbeitnehmer in seinen Leistungen und in seinem Verhalten beschreiben, sodass nur ihn kennzeichnende Angaben, nicht jedoch einmalige oder bereits vergangene Vorfälle, die für das Arbeitsverhältnis nicht prägend sind, in ein Zeugnis aufgenommen werden dürfen.

Andererseits gibt es **kein grundsätzliches Verbot**, auch Krankheiten und deren Folgen in ein Zeugnis aufzunehmen.[6] Dies gilt allerdings nur sehr ein-

---

6 ErfK-Müller-Glöge, § 630 BGB Rn. 91.

geschränkt, nämlich dann, wenn infolge einer langandauernden Erkrankung eine Leistungsbeurteilung nicht möglich ist.[7] Es wird aber auch die Auffassung vertreten, dass Erkrankungen in solchen Fällen in ein Zeugnis aufgenommen werden dürfen, wenn sie für die Gesamtbeurteilung der Führung oder der Leistungsfähigkeit des ausscheidenden Arbeitnehmers von Bedeutung sind; dies soll dann auch für die Erwähnung von Drogen- und Alkoholkonsum gelten.[8] Sie sollen auch dann erwähnt werden dürfen, wenn sie das Arbeitsverhältnis von vornherein prägen.[9] Eine Angabe darüber, dass ein Arbeitnehmer an einer HIV-Infektion oder an AIDS leidet, ist immer unzulässig.[10]

Angaben über den Grund der Beendigung des Arbeitsverhältnisses, z. B. die Angabe von häufigen krankheitsbedingten Fehlzeiten, dürfen nicht in das Zeugnis aufgenommen werden. Dies gilt auch für den Fall einer Verdachtskündigung wegen vorgetäuschter Erkrankung oder einer verhaltensbedingten Kündigung wegen der Verletzung von Nebenpflichten im Zusammenhang mit einer krankheitsbedingten Arbeitsunfähigkeit.[11]

Einigkeit besteht jedoch darüber, dass auf Wunsch des Arbeitnehmers Angaben über den Grund und die Art der Beendigung des Arbeitsverhältnisses in das Zeugnis aufgenommen werden müssen. Dies kann dann von Bedeutung sein, wenn ein vertraglich unkündbarer Arbeitnehmer alleine wegen seiner Krankheit fristlos gekündigt wird. Hier kann es für den Arbeitnehmer von Vorteil sein, darlegen zu können, dass nicht etwa schwere Pflichtverstöße, sondern die Erkrankung Anlass für die fristlose Kündigung gegeben hat.

Der Arbeitgeber hat bei der Erstellung eines Zeugnisses immer zu berücksichtigen, dass er sich bei einem unrichtigen Zeugnis, wenn er also wissentlich unrichtige Angaben macht, sowohl gegenüber dem Arbeitnehmer als auch gegenüber einem zukünftigen Arbeitgeber möglicherweise schadensersatzpflichtig machen kann.

---

7 Kittner/Däubler/Zwanziger, KSchR, § 630 BGB Rn. 71.
8 ErfK-Müller-Glöge, § 630 BGB Rn. 91.
9 Kittner/Däubler/Zwanziger, a.a.O.
10 ErfK-Müller-Glöge, § 630 BGB Rn. 91; Lepke, S. 500f.
11 Kittner/Däubler/Zwanziger, KSchR, § 630 BGB Rn. 55; ErfK-Müller-Glöge, § 630 BGB Rn. 57.

V. Auskunftspflicht gegenüber dem neuen Arbeitgeber

Es kommt durchaus vor, dass der mögliche neue Arbeitgeber sich beim vorherigen Arbeitgeber über einen Arbeitnehmer erkundigt. In solchen Fällen stellt sich die Frage, in welchem Umfang der frühere Arbeitgeber dann Auskunft erteilen darf.

Es gilt, dass der ehemalige Arbeitgeber Auskünfte auch ohne Wissen und Zustimmung des betroffenen Arbeitnehmers erteilen kann. Voraussetzung ist aber, dass der neue Arbeitgeber ein objektiv feststellbares berechtigtes Interesse an der begehrten Information hat.[12] Darunter können auch Auskünfte über den Gesundheitszustand des Arbeitnehmers fallen. Es können jedoch nicht einfach ins Blaue hinein Fragen gestellt werden, sondern es muss ein bedeutender Bezug zu der beabsichtigten Tätigkeit bestehen. Daraus folgt auch, dass über vergangene Erkrankungen, die ausgeheilt sind, und über Krankheiten, die für die beabsichtigte Tätigkeit irrelevant sind, keine Auskünfte erteilt werden dürfen.

Die **Grenze des Auskunftsrechts** wird durch das Persönlichkeitsrechtsrecht des Arbeitnehmers gesetzt. Darf der Arbeitgeber beim Einstellungsgespräch bestimmte Fragen nicht stellen, so kann er diese Hürde nicht dadurch umgehen, dass er sich diese Informationen über den Umweg der Auskunft vom vorherigen Arbeitgeber holt. Es dürfen grundsätzlich keine über das Zeugnis hinausgehenden Informationen erteilt werden.[13]

Erteilt der Arbeitgeber einem Dritten Auskunft, so muss er dem betroffenen Beschäftigten, zumindest auf dessen Verlangen, Auskunft über den Inhalt der Information geben.

Dass die Auskünfte wahrheitsgemäß sein müssen, versteht sich von selbst. Auch hier gilt, dass wahrheitswidrige Auskünfte, wie beim Zeugnis, ggf. Schadensersatzansprüche auslösen können.

VI. Rückzahlung freiwilliger Leistungen

Sowohl einzelvertraglich als auch in Tarifverträgen existieren in Bezug auf Sonderzahlungen Vereinbarungen, wonach ein Anspruch auf derartige Zahlungen, wie Weihnachtsgeld, Treueprämie o.Ä. nur dann bestehen soll, wenn

---

12 Schaub, § 147 Rn. 3.
13 Schaub, § 147 Rn. 5.

das Arbeitsverhältnis zu einem bestimmten Termin besteht oder nicht vor Ablauf eines bestimmten Zeitraumes nach der Zahlung beendet wird. So bestimmt z.B. die einschlägige Regelung des BAT, dass Sonderzahlungen dann zurückzuzahlen sind, wenn das Arbeitsverhältnis bis zum 31. März des darauf folgenden Jahres beendet wird. Dies findet seine Rechtfertigung darin, dass solche Zahlungen die Betriebstreue belohnen und gleichzeitig Motivation für die Erbringung der Arbeitsleistung auch in der Zukunft sein sollen. Wird das Arbeitsverhältnis beendet, können diese Zwecke nicht mehr erreicht werden. Im Wesentlichen sollen durch solche Klauseln arbeitnehmerseitige Kündigungen verhindert werden.

Die Frage ist nun, ob diese Klauseln auch bei einer Beendigung des Arbeitsverhältnisses aufgrund von Krankheit greifen. Dies ist grundsätzlich zu verneinen. Bei personenbedingten Kündigungen – und damit auch ihrem Unterfall der krankheitsbedingten Kündigungen – liegen die Gründe für die Beendigung des Arbeitsverhältnisses außerhalb des Einflussbereichs des Beschäftigten. Damit ist jedoch eine Rückzahlung unzumutbar.[14] Dies gilt um so mehr, wenn die **Zahlung der Sonderleistung** alleine an die bislang erbrachte Betriebszugehörigkeit anknüpft, z.B. durch einen Betrag für jedes Jahr der Betriebszugehörigkeit. Dieses »Verdienst« der Betriebszugehörigkeit wird auch nicht dadurch hinfällig, dass eine krankheitsbedingte Kündigung ausgesprochen wird und möglicherweise die Erkrankung auch durch den Verschleiß der Gesundheit in der bisherigen Tätigkeit verursacht wurde.

Selbstverständlich besteht eine Rückzahlungspflicht immer nur dann, wenn sie ausdrücklich vereinbart wurde. Eine einseitige Erklärung des Arbeitgebers über die Rückzahlungspflicht, z.B. durch einen Aushang am Schwarzen Brett, reicht hierfür nicht aus.[15]

Zu unterscheiden von einer Rückzahlungspflicht bereits erhaltener Sonderleistungen ist die Frage, ob solche Sonderleistungen aufgrund krankheitsbedingter Fehltage gekürzt werden dürfen. Mit dem so genannten Beschäftigungsförderungsgesetz ist 1996 § 4b EFZG[16] eingeführt worden, welcher genau diese Möglichkeit einräumt. Betroffen davon sind immer nur diejenigen Zahlungen, die vom Arbeitgeber zusätzlich zur normalen Vergütung bezahlt werden und die in keinem Zusammenhang mit der erbrachten Leistung stehen, sodass auch Leistungsprämien nicht gekürzt werden können. Die Vergü-

---

14 Kittner/Däubler/Zwanziger, Einleitung Rn. 797; Lepke, S. 493.

15 Kittner/Däubler/Zwanziger, Einleitung Rn. 795.

16 Zwischenzeitlich wurde § 4a EFZG abgeschafft, was zur Neunummerierung führte. Der alte § 4b EFZG – um den es hier geht – wurde zu § 4a EFZG.

tungsbestandteile, die dem Schutz der §§ 3, 4 EFZG unterfallen, können nicht gekürzt werden.[17]

§ 4a Satz 2 EFZG regelt auch die Kürzungshöhe. Nach dieser komplizierten Vorschrift darf die Kürzung pro krankheitsbedingtem Fehltag nicht höher als ¼ des Betrages sein, welchen der Arbeitnehmer im Jahresdurchschnitt pro Arbeitstag verdient hat. Diese Berechnung gilt unabhängig von der Höhe der Sonderzahlung. Das bedeutet, dass die Bezieher von niedrigeren Leistungen im Vergleich zu den Beziehern höher Sonderzahlungen benachteiligt werden.

Aufgrund dieser Berechnungsweise ist sehr genau darauf zu achten, an wie vielen Tagen der Arbeitnehmer zur Arbeitserbringung verpflichtet gewesen ist. Im Normalarbeitsverhältnis bei einer 5-Tage-Woche beträgt die Anzahl der Arbeitstage 260. Es ist jedoch immer von der **individuellen Arbeitsverpflichtung** auszugehen. Dies betrifft insbesondere Arbeitnehmer, die nicht ständig beschäftigt werden. An dieser Stelle soll lediglich darauf hingewiesen werden, dass bei der Berechnung der Arbeitsverpflichtung die Grundsätze, die zur Berechnung des Urlaubs nach dem Bundesurlaubsgesetz entwickelt wurden, heranzuziehen sind.

Berechnungsbeispiel:

Ein im Normalarbeitsverhältnis beschäftigter Arbeitnehmer hat Anspruch auf zwölf Monatsentgelte in Höhe von 3000 DM und eine Sonderzahlung in Höhe von 5600 DM. Dies ergibt einen Jahresverdienst in Höhe von 41 600 DM (12 × 3000 DM + 5600 DM). Der Tagesverdienst beträgt dann 160 DM (41 600 DM : 260 Arbeitstage). Der mögliche Abzug beträgt dann höchstens 40 DM (¼ von 160 DM). Sein Anspruch wäre dann nach 140 Krankheitstagen aufgebraucht.

Würde die Sonderzahlung 3000 DM betragen, so ergäbe dies einen Jahresverdienst von 39 000 DM und damit einen Tagesverdienst von 150 DM. Der Abzugsbetrag wäre dann 37,50 DM. Dieser Anspruch wäre bereits nach 80 Tagen aufgebraucht.

VII. Verletzung von Persönlichkeitsrechten

Theoretisch kann es bei einer krankheitsbedingten Kündigung auch zur Verletzung von Persönlichkeitsrechten kommen, was einen Schmerzensgeldanspruch gegenüber dem Arbeitgeber auslösen kann. Dies ist z.B. dann der Fall, wenn wahrheitswidrige Behauptungen – z.B. es läge gar keine Erkrankung vor, es würde nur simuliert, der Arbeitnehmer sei gar nicht krank, sondern

---

17 ErfK-Dörner, § 4a EFZG Rn. 4.

faul – öffentlich verbreitet werden. Solche Fälle sind selten, aber nicht völlig ausgeschlossen.

Das *BAG*[18] hatte darüber zu entscheiden, ob folgende Meldung in einem Anzeigenblatt die Arbeitnehmerin in ihren Persönlichkeitsrechten verletzte:»Die faulste Mitarbeiterin Deutschlands: In drei Monaten nur drei Tage gearbeitet. Sie könnte die Königin der Tagediebe[19] sein. … Ihr Verhalten ist schräg und unehrlich: In drei Monaten arbeitete sie ganze drei Tage. Jetzt ruft sie auch noch die Arbeitsgerichte an, es soll ihr zu allem Unrecht auch noch helfen, ihre Faulheit zu unterstützen.« Es folgte ein Artikel in gleichem Stil.

Dem lag folgender Sachverhalt zugrunde: Die Klägerin war ab dem 1. 4. 1995 als kaufmännische Angestellte in dem Verlag, in welchem dieses Wochenblatt erscheint, beschäftigt. Im Juni 1995 wurde sie schwanger. Ab August 1995 meldete sie sich arbeitsunfähig krank. Die Beklagte kündigte fristlos zum 10. 10. 1995. Kurz darauf erschien der Artikel.

Die Klägerin verlangte neben Unterlassung auch ein Schmerzensgeld, welches ihr auch in Höhe von 4000 DM zugesprochen wurde.

Das *BAG* hat ausgeführt, dass dadurch, dass aus dem Artikel Rückschlüsse auf die wahre Identität der betroffenen Arbeitnehmerin gezogen werden könnten, diese in ihren Persönlichkeitsrechten verletzt sei. Ihr stünde deshalb ein Schmerzensgeldanspruch zu.

Das *LAG Berlin* hat in einem ähnlichen Fall auf ein Schmerzensgeld in Höhe von 10 000 DM erkannt.[20]

Auch wenn die obigen Beispiele Fälle betreffen, in denen die Äußerungen aus dem Betrieb hinausgelangt sind, so gelten die Grundsätze auch dann, wenn »lediglich« in der Betriebsöffentlichkeit solche unzutreffenden Behauptungen aufgestellt werden.

VIII. Mögliche sozialrechtliche Konsequenzen

Abschließend soll noch in der gebotenen Kürze auf mögliche Folgen einer krankheitsbedingten Kündigung im Hinblick auf Leistungen nach dem SGB III eingegangen werden.

Als Folge einer Kündigung aus krankheitsbedingten Gründen drohen zusätzlich zur möglichen Arbeitslosigkeit nicht noch weitere negative Folgen. Da die Kündigung nicht selbst verschuldet ist – Krankheit ist nicht vorwerfbar –, wird das Arbeitsamt, soweit die sonstigen Voraussetzungen vorliegen,

---

18   BAG vom 18. 2. 1999 – 8 AZR 735/97, NZA 1999, 645.
19   Nicht «Taschendiebe» wie bei Lepke, S. 479.
20   LAG Berlin vom 5. 3. 1997 – 13 Sa 137/96, NZA-RR 1998, 488.

ohne weiteres Arbeitslosengeld und später Arbeitslosenhilfe gewähren müssen. Möglich ist auch eine weitere Förderung durch das Arbeitsamt, z.B. eine Umschulung, Arbeitsbeschaffungsmaßnahmen o.Ä. Kurz gesagt: Es gibt **keine Beschränkungen durch das Arbeitsamt.**

Anders kann es dann aussehen, wenn die Kündigung aufgrund von Verstößen gegen Nebenpflichten ausgesprochen wurde. Hierbei wird es unerheblich sein, ob es sich um eine fristgerechte oder fristlose Kündigung handelt. Ist die Arbeitslosigkeit durch den Beschäftigten verschuldet, was auch bei Verstößen gegen Nebenpflichten der Fall sein kann, so drohen ihm hinsichtlich des Arbeitslosengeldbezuges Sperrzeiten nach § 144 Abs. 1 Nr. 1 SGB III. Das Gleiche gilt in den Fällen, in denen die Kündigung wirksam darauf gestützt werden konnte, dass die Krankheit nur vorgespiegelt wurde oder Verfälschungen der Arbeitsunfähigkeitsbescheinigung vorgenommen wurden. In all diesen Fällen stellt sich das Arbeitsamt regelmäßig auf den Standpunkt, dass die Kündigung und damit die Arbeitslosigkeit selbstverschuldet ist und damit die Voraussetzungen für eine Sperrzeit gegeben sind. Bei fristlosen Kündigungen aus diesen Gründen verhängen die Arbeitsämter deshalb zwischenzeitlich ohne weitere Prüfung eine Sperrfrist von regelmäßig zwölf Wochen. Darauf muss sich der betroffene Arbeitnehmer einstellen.

11. Kapitel
Kranken-/Rückkehrgespräch

I. Überblick

In der Auseinandersetzung um angeblich zu hohe Krankenstände in deutschen Betrieben setzen die Arbeitgeber auf neue Strategien im Umgang mit den Arbeitnehmern. Zentrales Instrument hierbei ist das **Mitarbeitergespräch**. Mitarbeitergespräche werden in zwei unterschiedlichen Formen geführt; dabei handelt es sich um:

◆ das Krankengespräch, das während der Erkrankung erfolgt, um entweder die weitere Dauer der Erkrankung oder eine Verrentung zu besprechen;

◆ das empfangende Rückkehrgespräch, das nach Rückkehr des Arbeitnehmers aus seiner Erkrankung geführt wird.

Arbeitgeberseitig wird bei diesen Gesprächen immer wieder ihr rein fürsorglicher Charakter betont. Arbeitgeber geben gerne vor, dass derartige Gespräche im wohlverstandenen Interesse des Arbeitnehmers geführt würden und keine Auswirkungen auf die arbeitsrechtliche Situation hätten. Dringendstes, wenn auch selten zugegebenes Anliegen der Arbeitgeber ist bei solchen Gesprächen regelmäßig zweierlei:

Zum einen besteht ein massives Interesse daran, die krankheitsbedingten Fehlzeiten der Arbeitnehmer zu reduzieren. Zu diesem Zweck werden nicht nur Disziplinierungsmaßnahmen wie die Verknüpfung von Sonderzahlungen an die Anwesenheit oder die Vornahme von Abzügen bei Sonderzahlungen infolge krankheitsbedingter Fehlzeiten ergriffen. Darüber hinaus wird oft auch dadurch Druck ausgeübt, dass Kollegen des Erkrankten benannt werden, die die krankheitsbedingten Ausfallzeiten mittragen müssen und dadurch zusätzlich belastet werden, wobei diese Mehrbelastung der Kollegen doch nicht im Interesse des Arbeitnehmers sein könne. Der so aufgemachte moralische Druck führt sehr häufig dazu, dass Arbeitnehmer auch bei krankheitsbedingter Arbeitsunfähigkeit eher davor zurückschrecken, zu Hause zu bleiben, und sich stattdessen zur Arbeit quälen.

Zum anderen wird mehr oder weniger unverblümt darauf hingewiesen, dass natürlich »der Betrieb eine dauernde Belastung über die Lohnfortzahlung, ohne dass eine Arbeitsleistung dem entgegen steht, auf Dauer nicht tragen kann«. Die Unsicherheiten und Ängste, die damit geschürt werden, sind weder gesundheitsförderlich noch der Situation des erkrankten Arbeitnehmers angemessen.

Darüber hinaus liegt es im Interesse des Arbeitgebers, in solchen Gesprächen die Diagnose – die der Arbeitgeber in der Regel nicht weiß und auf deren Kenntnis er auch keinen Anspruch hat – zu erfahren. Solange der Arbeitgeber die Diagnose nicht kennt, geht er ein hohes Risiko ein, nach Ausspruch einer krankheitsbedingten Kündigung im Kündigungsschutzverfahren des Arbeitnehmers zu unterliegen. Infolgedessen hat der Arbeitgeber ein unmittelbares Interesse am Wissen um die Krankheitsursache. Mit diesem Wissen kann er den weiteren Krankheitsverlauf und seine eigenen Argumentationslinien in einem möglichen Kündigungsschutzverfahren abschätzen. Die Spekulation über den Ausgang eines Kündigungsschutzverfahrens wird durch die Kenntnis der Diagnose deutlich erleichtert. Hinzu kommt, dass es zwischenzeitlich an der Tagesordnung ist, in den Personalstellen Fehlzeitenstatistiken zu führen und diese in den Personalakten zu dokumentieren.

Grundlage von Krankenrückkehrgesprächen ist ein **Standardmodell,**[1] das sich in vier Punkte gliedert:

◆ Anwesenheits-Anerkennungsgespräch
Das Anwesenheits-Anerkennungsgespräch wird bei nicht mehr als 15 Arbeitsunfähigkeitstagen in den letzten drei Jahren geführt. Die Anerkennung, nur maximal 15 Tage wegen Arbeitsunfähigkeit gefehlt zu haben, erfolgt in der Regel schriftlich und wird in der Personalakte erfasst.

◆ Fehlzeiten-Rückkehrgespräch
Ein solches Gespräch erfolgt konsequent bei allen aus der Krankheit zurückkommenden Mitarbeitern unmittelbar bei der Arbeitsaufnahme.

◆ Abgestuftes Fehlzeitengespräch
Derartige Gespräche werden bei »besonders auffälligen« Mitarbeitern geführt, die über ein – je nach Betrieb unterschiedlich definiertes – Fehlzeitenkonto verfügen. In den Gesprächen sollen auch geeignete Maßnahmen zum Abbau von Krankentagen besprochen werden. Über jedes Gespräch wird ein Protokoll angefertigt und in der Personalakte aufbewahrt.

---

1 Vgl. Zinke/Rehwald, Fehlzeitdebatte und Krankenkontrolle – eine Argumentationshilfe der IG Metall zum Thema Krankenrückkehrgespräche, 1996.

◆ Ergebnisgespräch als Anschlussgespräch
An das abgestufte Fehlzeitengespräch anschließend wird das Ergebnisgespräch geführt. Über dieses wird ein Protokoll gefertigt, in dem Maßnahmen zur Verminderung der Fehlzeiten dokumentiert werden.

Für ein großes deutsches Unternehmen wurde das folgende standardisierte Vier-Stufen-Modell entwickelt:[2]

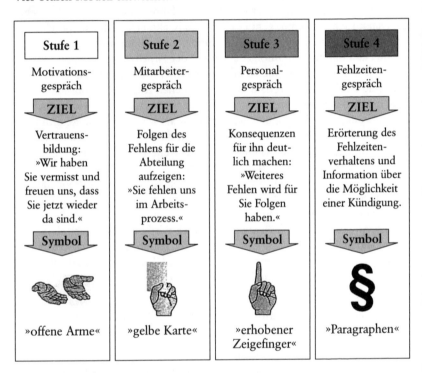

Stufe 1	Stufe 2	Stufe 3	Stufe 4
Motivations-gespräch	Mitarbeiter-gespräch	Personal-gespräch	Fehlzeiten-gespräch
ZIEL	ZIEL	ZIEL	ZIEL
Vertrauens-bildung: »Wir haben Sie vermisst und freuen uns, dass Sie jetzt wieder da sind.«	Folgen des Fehlens für die Abteilung aufzeigen: »Sie fehlen uns im Arbeits-prozess.«	Konsequenzen für ihn deut-lich machen: »Weiteres Fehlen wird für Sie Folgen haben.«	Erörterung des Fehlzeiten-verhaltens und Information über die Möglichkeit einer Kündigung.
Symbol	Symbol	Symbol	Symbol
»offene Arme«	»gelbe Karte«	»erhobener Zeigefinger«	»Paragraphen«

Damit offenbaren sich Krankenrückkehrgespräche als in der Regel vorbereitende Maßnahmen für das Ausscheiden aus dem Betrieb. Das Ausscheiden kann entweder über die mehr oder weniger freiwillige Verrentung des Arbeitnehmers oder über krankheitsbedingte Kündigungen seitens des Arbeitgebers erfolgen.

---

2 Spies/Beigel, Einer fehlt und jeder braucht ihn, 1996, S. 115 (zitiert nach Zinke/Rehwald).

II. Krankenrückkehrgespräche und Mitbestimmungsrechte des Betriebsrates

Krankenrückkehrgespräche sind, soweit sie formalisiert stattfinden, nach § 87 Abs. 1 Nr. 1 BetrVG **mitbestimmungspflichtig.** Das bedeutet, dass formalisierte Krankenrückkehrgespräche nur dann geführt werden dürfen, wenn mit dem Betriebsrat eine Betriebsvereinbarung über diese Gespräche abgeschlossen worden ist. Das *BAG* hat entschieden, dass die Führung formalisierter Krankenrückkehrgespräche zur Aufklärung eines überdurchschnittlichen Krankenstandes mit einer nach abstrakten Kriterien ermittelten Mehrzahl von Arbeitnehmern gemäß § 87 Abs.1 Nr. 1 BetrVG mitbestimmungspflichtig ist. Denn in derartigen Gesprächen geht es um das Verhalten der Arbeitnehmer in Bezug auf die betriebliche Ordnung und nicht um die Arbeitsleistung als solche.[3] Werden formalisierte Krankenrückkehrgespräche geführt, ohne dass eine Betriebsvereinbarung dies erlaubt, sind die Ergebnisse dieser Gespräche im Rahmen von personellen Einzelmaßnahmen (z.B. Abmahnungen oder Kündigungen) nicht verwertbar: Die Erlangung der den personellen Einzelmaßnahmen zugrunde gelegten Informationen war rechtswidrig.

Dem Betriebsrat kommt demnach beim Abschluss von Betriebsvereinbarungen über Krankenrückkehrgespräche eine wichtige Funktion zu. Er hat vor allem und nachhaltig darauf zu achten, dass solche Gespräche die Persönlichkeitsrechte des Einzelnen nicht beeinträchtigen. Dies bedeutet insbesondere, dass bei den Krankenrückkehrgesprächen keine Fragen zum Krankheitsbild, zur Diagnose und zur weiteren Krankheitsentwicklung zugelassen werden.

Durch die im Folgenden auszugsweise zitierte Betriebsvereinbarung wird deutlich, dass solche Gespräche, die einen Bezug zu der konkreten Erkrankung haben und der Androhung von arbeitsrechtlichen Maßnahmen dienen – also die üblicherweise durchgeführten Gespräche, wie sie oben unter dem primären Bestreben des Arbeitgebers dargestellt worden sind –, ausgeschlossen sind.

Verstöße gegen diese Betriebsvereinbarung führen dazu, dass zum einen der Betriebsrat in die Lage versetzt wird, den Arbeitgeber über das Arbeitsgericht zu zwingen, die Betriebsvereinbarung einzuhalten und Gespräche mit betriebsvereinbarungswidrigem Inhalt zu unterlassen. Verstöße führen aber auch dazu, dass die dadurch gewonnenen Erkenntnisse nicht zum Nachteil des betroffenen Arbeitnehmers verwendet werden dürfen.

---

3 BAG vom 8.11.1994 – 1 ABR 22/94, NZA 1995, 390.

Beispiel für eine Betriebsvereinbarung:
Beispielgebend wurde das Problem in einem Betrieb eines großen Telekommunikationsunternehmens gelöst. Dort wurden in einer Betriebsvereinbarung, die über die Einigungsstelle durchgesetzt werden musste, im Hinblick auf Rückkehrgespräche folgende Regelungen getroffen:

»Gesundheitsgespräche

Es werden zum Zweck eines besseren Gesundheitsschutzes der Mitarbeiter/innen Gesundheitsgespräche vereinbart. Gesundheitsgespräche sind Rückkehr- und Präventionsgespräche. Bei Gesundheitsgesprächen dürfen keine Fragen nach Art und Umfang von aktuellen oder früheren Erkrankungen, sondern nur über Arbeitsplatz bezogene Probleme gestellt werden. Soweit persönliche Angaben hierbei eine Rolle spielen, müssen diese Informationen vertraulich behandelt werden und dürfen nicht zu negativen Folgen für Beschäftigte führen. Diese persönlichen Angaben unterliegen der Verschwiegenheit und dürfen nicht weitergegeben werden. In diesen Gesundheitsgesprächen dürfen gegenüber der/dem Beschäftigten keine Beschuldigungen, Vermutungen oder Androhungen von arbeitsrechtlichen Konsequenzen erhoben werden.

7.1 Rückkehrgespräch
Eine Verbesserung der Kommunikation zwischen Vorgesetzten und Mitarbeitern steigert die Arbeitszufriedenheit und trägt damit zur Gesundheit aller bei.

Darum führt nach jeder Fehlzeit der oder die unmittelbare Vorgesetzte grundsätzlich mit jeder/jedem Rückkehrenden ein Rückkehrgespräch. Die Mitarbeiterin oder der Mitarbeiter wird in freundlicher Atmosphäre begrüßt und über betriebliche Ereignisse oder Erneuerungen während der Abwesenheit informiert.

Sollte bei Rückkehrenden, die aufgrund einer krankheitsbedingten Arbeitsunfähigkeit ausfielen, der/die Rückkehrende in dem Rückkehrgespräch über krankmachende Arbeitsbedingungen an ihrem/seinem Arbeitsplatz berichten, ist von der/dem Vorgesetzten ein Vermerk über den Sachverhalt zu fertigen. Die/der Beschäftigte bekommt ein Doppel des Vermerkes ausgehändigt. Ein weiteres Doppel ist an den Arbeitskreis Gesundheit zu senden. Die/der Vorgesetzte ist verpflichtet, angemessene Maßnahmen zur Abwendung der Ursachen für die Erkrankung zu ergreifen.

7.2 Präventionsgespräch
Bei mehr als 30 Krankentagen oder mehr als 4 Einzelerkrankungen bzw. mehreren Erkrankungen in Verbindung mit arbeitsfreien Tagen in den letzten 12 Monaten führen die personalverantwortlichen Vorgesetzten ein Präventionsgespräch.

Ziel dieses Gesprächs ist es, gemeinsam mit der Mitarbeiterin oder dem Mitarbeiter zu klären, ob eventuell abstellbare arbeitsbedingte Ursachen zu den Erkrankungen beitragen. Hierzu gehören psychische, körperliche und geistige Belastungen am Arbeitsplatz. Falls arbeitsbedingte Belastungen erkennbar waren, wird über dieses Gespräch eine gemeinsam unterzeichnete Notiz gefertigt. Die/der Beschäftigte erhält eine Kopie. Die Notiz wird über den Arbeitskreis Gesundheit dem ärztlichen Dienst zugeleitet und in der Gesundheitsakte aufbewahrt.

Die Beschäftigten erhalten vor einem Präventionsgespräch mindestens 5 Arbeitstage Zeit, um sich auf das Gespräch vorzubereiten. Mit der Einladung zu dem Gespräch erhalten die Beschäftigten schriftliche Informationen (z.b. ein Informationsblatt) über Art, Inhalt und Ziel des Gesprächs sowie darüber, dass sie auf Wunsch eine Person ihres Vertrauens (z.b. Vertreter/in des Betriebsrates, Sozialbetreuer/in, Vertreter/in der Schwerbehinderten) zu den Gesprächen zuziehen können.

Während einer krankheitsbedingten Arbeitsunfähigkeit sollen Präventionsgespräche nur geführt werden, um schon vor oder bis zur Rückkehr der/des Beschäftigten arbeitsbedingte Ursachen der Arbeitsunfähigkeit im Rahmen des Möglichen unverzüglich zu beseitigen.

8. Individuelle Fehlzeiten, Gespräche und Vorstellung bei dem Betriebsarzt
Um das Ziel dieser Betriebsvereinbarung sowie der unter Punkt 7 aufgeführten Gespräche nicht zu gefährden, werden keine weiteren Gespräche aufgrund von Fehlzeiten aus krankheitsbedingten Gründen mit dem Beschäftigten geführt, es sei denn, dies ist aus arbeits-, tarif- oder dienstrechtlichen Gründen erforderlich.

Gleiches gilt für die Einladung zur Vorstellung bei dem Betriebsarzt während der Arbeitsunfähigkeit.«[4]

III. Individuelle Rechte bei Krankenrückkehrgesprächen

Bereits eingangs wurde darauf hingewiesen, dass die so genannten Krankenrückkehrgespräche zu zwei unterschiedlichen Zeiten stattfinden können, zum einen noch während der Krankheit, zum anderen nach Rückkehr aus der Arbeitsunfähigkeit.

1. Rechte des Arbeitnehmers während der Krankheit

Während der Krankheit ruht das Direktionsrecht, sodass der Arbeitnehmer den Anordnungen des Arbeitgebers, zu Krankengesprächen zu erscheinen, nicht Folge leisten muss. Der Arbeitnehmer ist aufgrund der Arbeitsunfähigkeit von der Erbringung seiner Arbeitsleistung befreit. Dies gilt auch für Nebenpflichten, die im Zusammenhang mit der Erbringung der Arbeitsleistung stehen – mit Ausnahme der geschilderten Nebenpflichten im Rahmen der Pflicht zur Gesunderhaltung und Gesundwerdung (siehe Seite 106 ff.). Der

---

4 Vgl. dazu AiB 2000, 20 ff.

Arbeitgeber darf den Arbeitnehmer also zulässigerweise nicht auffordern, im Betrieb zu erscheinen und an einem Krankengespräch teilzunehmen.

Sucht der Arbeitgeber oder dessen Beauftragter den Arbeitnehmer zu Hause auf, um mit ihm gleichwohl ein derartiges Gespräche zu führen, kann der Arbeitnehmer das Gespräch verweigern. Er ist auch nicht verpflichtet, den betreffenden Personen Zugang zu seiner Wohnung zu gewähren. Eine Weigerung, solche Gespräche zu Hause zu führen bzw. den Zugang zur Privatwohnung zu gewähren, kann keine arbeitsrechtlichen Folgen nach sich ziehen, da eine Verpflichtung zur Führung solcher Gespräche während der Arbeitsunfähigkeit nicht besteht.

Davon unberührt bleibt das Recht des Arbeitgebers, eine ärztliche Untersuchung durch den Medizinischen Dienst der Krankenkassen gemäß § 275 Abs. 1a Satz 3 SGB V zu verlangen.

2. Krankenrückkehrgespräch nach der Arbeitsunfähigkeit

Beabsichtigt der Arbeitgeber, nach Beendigung der Arbeitsunfähigkeit ein Krankenrückkehrgespräch zu führen, so ist der Arbeitnehmer verpflichtet, an einem solchen Krankenrückkehrgespräch teilzunehmen, wenn es mit der zugrunde liegenden Betriebsvereinbarung übereinstimmt. Dabei ist jedoch immer zu prüfen, ob die Voraussetzungen, die die Betriebsvereinbarung ggf. an ein solches Gespräch knüpft, auch tatsächlich erfüllt sind. Dies kann in mehrererlei Hinsicht der Fall sein. Die Zulässigkeit eines solchen Gesprächs kann z.B. anknüpfen an eine bestimmte Anzahl von Fehltagen, an die Häufigkeit von Erkrankungen oder an sonstige objektive Voraussetzungen. Nur wenn diese ggf. in einer Betriebsvereinbarung normierten Voraussetzungen vorliegen, besteht auch die Verpflichtung des Arbeitnehmers, an dem geforderten Krankenrückkehrgespräch teilzunehmen. Das Krankenrückkehrgespräch kann dann auch nur in der Form, die die Betriebsvereinbarung vorschreibt, durchgeführt werden. Dies gilt insbesondere auch im Hinblick auf diejenigen Personen, die von der Arbeitgeberseite das Krankenrückkehrgespräch führen. In der Regel ist der Personenkreis in der Betriebsvereinbarung eng umschrieben und daran geknüpft, dass diese Personen für solche Gespräche geschult sind. Will der Arbeitgeber das Gespräch durch andere Personen als diejenigen, die in der Betriebsvereinbarung genannt sind, führen lassen, so besteht keine Verpflichtung des Arbeitnehmers, an einem solchen Krankenrückkehrgespräch teilzunehmen.

Dies gilt selbstverständlich nur in den Betrieben, in denen ein Betriebsrat besteht. Besteht im Betrieb ein solcher nicht, entfällt auch die Verpflichtung gemäß § 87 Abs. 1 Nr. 1 BetrVG, über die Krankenrückkehrgespräche eine Betriebsvereinbarung abzuschließen. Dem Arbeitgeber steht es dann frei, ob und in welcher Form er solche Gespräche führt.

Der **Gesprächsinhalt** des Krankenrückkehrgesprächs ist in der Regel ebenfalls durch die Betriebsvereinbarung begrenzt. Insoweit darf auf die oben genannte Musterbetriebsvereinbarung verwiesen werden. Selbstverständlich gilt, dass jeweils die konkrete Regelung in einer bestehenden Betriebsvereinbarung vorgeht.

Unabhängig davon gilt, dass auch in einem Krankenrückkehrgespräch keine Fragen über die Art der Erkrankung, die Ursachen der Erkrankung und weitere Folgen der Erkrankung beantwortet werden müssen. Insoweit gilt der Schutz der Persönlichkeit des Arbeitnehmers. Auch in einem Krankenrückkehrgespräch hat der Arbeitgeber keinen Anspruch auf Mitteilung der Diagnose bzw. des weiteren Krankheitsverlaufs. Daraus folgt, dass der Arbeitgeber auch für ein Krankenrückkehrgespräch nicht die Entbindung der behandelnden Ärzte von ihrer Schweigepflicht verlangen darf.

Auch eine betriebsärztliche Untersuchung zur Vorbereitung des Krankenrückkehrgespräches kann der Arbeitgeber nicht verlangen; der Arbeitnehmer ist in einem solchen Zusammenhang nicht verpflichtet, sich vom Betriebsarzt untersuchen zu lassen. Eine Ausnahme gilt nur dann, wenn die Untersuchung der Prüfung der weiteren Einsatzfähigkeit des Arbeitnehmers bezüglich des bisher zugewiesenen Arbeitsplatzes dient. In solchen Fällen darf der Betriebsarzt dem Arbeitgeber jedoch lediglich mitteilen, ob gesundheitliche Bedenken gegen den Einsatz auf dem bisherigen Arbeitsplatz bestehen. Weitere Angaben über die Erkrankung darf der Betriebsarzt dem Arbeitgeber nicht machen.

In all den beschriebenen Konstellationen ist dringend zu beachten, dass der Arbeitnehmer solche Gespräche nicht alleine mit dem Beauftragten des Arbeitgebers führt, sondern eine Person seines Vertrauens – ein Betriebsratsmitglied, den Schwerbehindertenbeauftragten oder einen Sozialbetreuer – zwecks Hilfestellung und Unterstützung zum Gespräch hinzuzieht. Dies kann nicht zuletzt auch im Hinblick auf mögliche spätere Streitigkeiten über den Inhalt solcher Gespräche von Bedeutung sein.

Anhang

I. Kündigungsschutzgesetz

vom 10. August 1952 (BGBl. I S. 499), in der Fassung vom 25. August 1969 (BGBl. I S. 1317), zuletzt geändert durch Gesetz vom 30. März 2000 (BGBl. I S. 333)

– Auszug –

§ 1
Sozial ungerechtfertigte Kündigungen

(1) Die Kündigung des Arbeitsverhältnisses gegenüber einem Arbeitnehmer, dessen Arbeitsverhältnis in demselben Betrieb oder Unternehmen ohne Unterbrechung länger als sechs Monate bestanden hat, ist rechtsunwirksam, wenn sie sozial ungerechtfertigt ist.

(2) Sozial ungerechtfertigt ist die Kündigung, wenn sie nicht durch Gründe, die in der Person oder in dem Verhalten des Arbeitnehmers liegen, oder durch dringende betriebliche Erfordernisse, die einer Weiterbeschäftigung des Arbeitnehmers in diesem Betriebe entgegenstehen, bedingt ist. Die Kündigung ist auch sozial ungerechtfertigt, wenn

1. in Betrieben des privaten Rechts
   a) die Kündigung gegen eine Richtlinie nach § 95 des Betriebsverfassungsgesetzes verstößt,
   b) der Arbeitnehmer an einem anderen Arbeitsplatz in demselben Betrieb oder in einem anderen Betrieb des Unternehmens weiterbeschäftigt werden kann

und der Betriebsrat oder eine andere nach dem Betriebsverfassungsgesetz insoweit zuständige Vertretung der Arbeitnehmer aus einem dieser Gründe der Kündigung innerhalb der Frist des § 102 Abs. 2 Satz 1 des Betriebsverfassungsgesetzes schriftlich widersprochen hat,

2. in Betrieben und Verwaltungen des öffentlichen Rechts
   a) die Kündigung gegen eine Richtlinie über die personelle Auswahl bei Kündigungen verstößt,
   b) der Arbeitnehmer an einem anderen Arbeitsplatz in derselben Dienststelle oder in einer anderen Dienststelle desselben Verwaltungszweiges an demselben Dienstort einschließlich seines Einzugsgebietes weiterbeschäftigt werden kann und

die zuständige Personalvertretung aus einem dieser Gründe fristgerecht gegen die Kündigung Einwendungen erhoben hat, es sei denn, daß die Stufenvertretung in der Verhandlung mit der übergeordneten Dienststelle die Einwendungen nicht aufrechterhalten hat.

Satz 2 gilt entsprechend, wenn die Weiterbeschäftigung des Arbeitnehmers nach zumutbaren Umschulungs- oder Fortbildungsmaßnahmen oder eine Weiterbeschäftigung des Arbeitnehmers unter geänderten Arbeitsbedingungen möglich ist und der Arbeitnehmer sein Einverständnis hiermit erklärt hat. Der Arbeitgeber hat

151

die Tatsachen zu beweisen, die die Kündigung bedingen.

(3) Ist einem Arbeitnehmer aus dringenden betrieblichen Erfordernissen im Sinne des Absatzes 2 gekündigt worden, so ist die Kündigung trotzdem sozial ungerechtfertigt, wenn der Arbeitgeber bei der Auswahl des Arbeitnehmers soziale Gesichtspunkte nicht oder nicht ausreichend berücksichtigt hat; auf Verlangen des Arbeitnehmers hat der Arbeitgeber dem Arbeitnehmer die Gründe anzugeben, die zu der getroffenen sozialen Auswahl geführt haben. Satz 1 gilt nicht, wenn betriebstechnische, wirtschaftliche oder sonstige berechtigte betriebliche Bedürfnisse die Weiterbeschäftigung eines oder mehrerer bestimmter Arbeitnehmer bedingen und damit der Auswahl nach sozialen Gesichtspunkten entgegenstehen. Der Arbeitnehmer hat die Tatsachen zu beweisen, die die Kündigung als sozial ungerechtfertigt im Sinne des Satzes 1 erscheinen lassen.

(4) Ist in einem Tarifvertrag, in einer Betriebsvereinbarung nach § 95 des Betriebsverfassungsgesetzes oder in einer entsprechenden Richtlinie nach den Personalvertretungsgesetzen festgelegt, welche sozialen Gesichtspunkte nach Absatz 3 Satz 1 zu berücksichtigen sind und wie diese Gesichtspunkte im Verhältnis zueinander zu bewerten sind, so kann die soziale Auswahl der Arbeitnehmer nur auf grobe Fehlerhaftigkeit überprüft werden.

(5) *(aufgehoben)*

§ 2
Änderungskündigung

Kündigt der Arbeitgeber das Arbeitsverhältnis und bietet er dem Arbeitnehmer im Zusammenhang mit der Kündigung die Fortsetzung des Arbeitsverhältnisses zu geänderten Arbeitsbedingungen an, so kann der Arbeitnehmer dieses Angebot unter dem Vorbehalt annehmen, daß die Änderung der Arbeitsbedingungen nicht sozial ungerechtfertigt ist (§ 1 Abs. 2 Satz 1 bis 3, Abs. 3 Satz 1 und 2). Diesen Vorbehalt muß der Arbeitnehmer dem Arbeitgeber innerhalb der Kündigungsfrist, spätestens jedoch innerhalb von drei Wochen nach Zugang der Kündigung erklären.

§ 4
Anrufung des Arbeitsgerichtes

Will ein Arbeitnehmer geltend machen, daß eine Kündigung sozial ungerechtfertigt ist, so muß er innerhalb von drei Wochen nach Zugang der Kündigung Klage beim Arbeitsgericht auf Feststellung erheben, daß das Arbeitsverhältnis durch die Kündigung nicht aufgelöst ist. Im Falle des § 2 ist die Klage auf Feststellung zu erheben, daß die Änderung der Arbeitsbedingungen sozial ungerechtfertigt ist. Hat der Arbeitnehmer Einspruch beim Betriebsrat eingelegt (§ 3), so soll er der Klage die Stellungnahme des Betriebsrates beifügen. Soweit die Kündigung der Zustimmung einer Behörde bedarf, läuft die Frist zur Anrufung des Arbeitsgerichtes erst von der Bekanntgabe der Entscheidung der Behörde an den Arbeitnehmer ab.

II. Entgeltfortzahlungsgesetz

– Gesetz über die Zahlung des Arbeitsentgelts an Feiertagen und im Krankheitsfall

vom 26. Mai 1994 (BGBl. I 1014, 1065), zuletzt geändert durch Gesetz vom 19. Dezember 1998 (BGBl. I 3843)

§ 1
Anwendungsbereich

(1) Dieses Gesetz regelt die Zahlung des Arbeitsentgelts an gesetzlichen Feiertagen und die Fortzahlung des Arbeitsentgelts im Krankheitsfall an Arbeitnehmer sowie die wirtschaftliche Sicherung im Bereich der Heimarbeit für gesetzliche Feiertage und im Krankheitsfall.

(2) Arbeitnehmer im Sinne dieses Gesetzes sind Arbeiter und Angestellte sowie die zu ihrer Berufsbildung Beschäftigten.

§ 2
Entgeltzahlung an Feiertagen

(1) Für Arbeitszeit, die infolge eines gesetzlichen Feiertages ausfällt, hat der Arbeitgeber dem Arbeitnehmer das Arbeitsentgelt zu zahlen, das er ohne den Arbeitsausfall erhalten hätte.

(2) Die Arbeitszeit, die an einem gesetzlichen Feiertag gleichzeitig infolge von Kurzarbeit ausfällt und für die an anderen Tagen als an gesetzlichen Feiertagen Kurzarbeitergeld geleistet wird, gilt als infolge eines gesetzlichen Feiertages nach Absatz 1 ausgefallen.

(3) Arbeitnehmer, die am letzten Arbeitstag vor oder am ersten Arbeitstag nach Feiertagen unentschuldigt der Arbeit fernbleiben, haben keinen Anspruch auf Bezahlung für diese Feiertage.

§ 3
Anspruch auf Entgeltfortzahlung im Krankheitsfall

(1) Wird ein Arbeitnehmer durch Arbeitsunfähigkeit infolge Krankheit an seiner Arbeitsleistung verhindert, ohne daß ihn ein Verschulden trifft, so hat er Anspruch auf Entgeltfortzahlung im Krankheitsfall durch den Arbeitgeber für die Zeit der Arbeitsunfähigkeit bis zur Dauer von sechs Wochen. Wird der Arbeitnehmer infolge derselben Krankheit erneut arbeitsunfähig, so verliert er wegen der erneuten Arbeitsunfähigkeit den Anspruch nach Satz 1 für einen weiteren Zeitraum von höchstens sechs Wochen nicht, wenn

1. er vor der erneuten Arbeitsunfähigkeit mindestens sechs Monate nicht infolge derselben Krankheit arbeitsunfähig war oder

2. seit Beginn der ersten Arbeitsunfähigkeit infolge derselben Krankheit eine Frist von zwölf Monaten abgelaufen ist.

(2) Als unverschuldete Arbeitsunfähigkeit im Sinne des Absatzes 1 gilt auch eine Arbeitsverhinderung, die infolge einer nicht rechtswidrigen Sterilisation oder eines nicht rechtswidrigen Abbruchs der Schwangerschaft eintritt. Dasselbe gilt für einen Abbruch der Schwangerschaft, wenn die Schwangerschaft innerhalb von zwölf Wochen nach der Empfängnis durch einen Arzt abgebrochen wird, die schwangere Frau den Abbruch verlangt und dem Arzt durch eine Bescheinigung nachgewiesen

hat, daß sie sich mindestens drei Tage vor dem Eingriff von einer anerkannten Beratungsstelle hat beraten lassen.

(3) Der Anspruch nach Absatz 1 entsteht nach vierwöchiger ununterbrochener Dauer des Arbeitsverhältnisses.

§ 4
Höhe des fortzuzahlenden Arbeitsentgelts

(1) Für den in § 3 Abs. 1 bezeichneten Zeitraum ist dem Arbeitnehmer das ihm bei der für ihn maßgebenden regelmäßigen Arbeitszeit zustehende Arbeitsentgelt fortzuzahlen.

(1a) Zum Arbeitsentgelt nach Absatz 1 gehören nicht das zusätzlich für Überstunden gezahlte Arbeitsentgelt und Leistungen für Aufwendungen des Arbeitnehmers, soweit der Anspruch auf sie im Falle der Arbeitsfähigkeit davon abhängig ist, daß dem Arbeitnehmer entsprechende Aufwendungen tatsächlich entstanden sind, und dem Arbeitnehmer solche Aufwendungen während der Arbeitsunfähigkeit nicht entstehen. Erhält der Arbeitnehmer eine auf das Ergebnis der Arbeit abgestellte Vergütung, so ist der von dem Arbeitnehmer in der für ihn maßgebenden regelmäßigen Arbeitszeit erzielbare Durchschnittsverdienst der Berechnung zugrunde zu legen.

(2) Ist der Arbeitgeber für Arbeitszeit, die gleichzeitig infolge eines gesetzlichen Feiertages ausgefallen ist, zur Fortzahlung des Arbeitsentgelts nach § 3 verpflichtet, bemißt sich die Höhe des fortzuzahlenden Arbeitsentgelts für diesen Feiertag nach § 2.

(3) Wird in dem Betrieb verkürzt gearbeitet und würde deshalb das Arbeitsentgelt des Arbeitnehmers im Falle seiner Arbeitsfähigkeit gemindert, so ist die verkürzte Arbeitszeit für ihre Dauer als die für den Arbeitnehmer maßgebende regelmäßige Arbeitszeit im Sinne des Absatzes 1 anzusehen. Dies gilt nicht im Falle des § 2 Abs. 2.

(4) Durch Tarifvertrag kann eine von den Absätzen 1, 1a und 3 abweichende Bemessungsgrundlage des fortzuzahlenden Arbeitsentgelts festgelegt werden. Im Geltungsbereich eines solchen Tarifvertrages kann zwischen nichttarifgebundenen Arbeitgebern und Arbeitnehmern die Anwendung der tarifvertraglichen Regelung über die Fortzahlung des Arbeitsentgelts im Krankheitsfalle vereinbart werden.

§ 4a
Kürzung von Sondervergütungen

Eine Vereinbarung über die Kürzung von Leistungen, die der Arbeitgeber zusätzlich zum laufenden Arbeitsentgelt erbringt (Sondervergütungen), ist auch für Zeiten der Arbeitsunfähigkeit infolge Krankheit zulässig. Die Kürzung darf für jeden Tag der Arbeitsunfähigkeit infolge Krankheit ein Viertel des Arbeitsentgelts, das im Jahresdurchschnitt auf einen Arbeitstag entfällt, nicht überschreiten.

§ 5
Anzeige- und Nachweispflicht

(1) Der Arbeitnehmer ist verpflichtet, dem Arbeitgeber die Arbeitsunfähigkeit und deren voraussichtliche Dauer unverzüglich mitzuteilen. Dauert die Arbeitsunfähigkeit länger als drei Kalendertage, hat der Arbeitnehmer eine ärztliche Bescheinigung über das Bestehen der Arbeitsunfähigkeit sowie deren voraussichtliche Dauer spätestens an dem darauffolgenden Arbeitstag vorzulegen. Der Arbeitgeber ist berechtigt, die Vorlage der ärztlichen Bescheinigung früher zu verlangen. Dauert die

Arbeitsunfähigkeit länger als in der Bescheinigung angegeben, ist der Arbeitnehmer verpflichtet, eine neue ärztliche Bescheinigung vorzulegen. Ist der Arbeitnehmer Mitglied einer gesetzlichen Krankenkasse, muß die ärztliche Bescheinigung einen Vermerk des behandelnden Arztes darüber enthalten, daß der Krankenkasse unverzüglich eine Bescheinigung über die Arbeitsunfähigkeit mit Angaben über den Befund und die voraussichtliche Dauer der Arbeitsunfähigkeit übersandt wird.

(2) Hält sich der Arbeitnehmer bei Beginn der Arbeitsunfähigkeit im Ausland auf, so ist er verpflichtet, dem Arbeitgeber die Arbeitsunfähigkeit, deren voraussichtliche Dauer und die Adresse am Aufenthaltsort in der schnellstmöglichen Art der Übermittlung mitzuteilen. Die durch die Mitteilung entstehenden Kosten hat der Arbeitgeber zu tragen. Darüber hinaus ist der Arbeitnehmer, wenn er Mitglied einer gesetzlichen Krankenkasse ist, verpflichtet, auch dieser die Arbeitsunfähigkeit und deren voraussichtliche Dauer unverzüglich anzuzeigen. Dauert die Arbeitsunfähigkeit länger als angezeigt, so ist der Arbeitnehmer verpflichtet, der gesetzlichen Krankenkasse die voraussichtliche Fortdauer der Arbeitsunfähigkeit mitzuteilen. Die gesetzlichen Krankenkassen können festlegen, daß der Arbeitnehmer Anzeige- und Mitteilungspflichten nach den Sätzen 3 und 4 auch gegenüber einem ausländischen Sozialversicherungsträger erfüllen kann. Absatz 1 Satz 5 gilt nicht. Kehrt ein arbeitsunfähig erkrankter Arbeitnehmer in das Inland zurück, so ist er verpflichtet, dem Arbeitgeber und der Krankenkasse seine Rückkehr unverzüglich anzuzeigen.

§ 6
Forderungsübergang bei Dritthaftung

(1) Kann der Arbeitnehmer auf Grund gesetzlicher Vorschriften von einem Dritten Schadensersatz wegen des Verdienstausfalls beanspruchen, der ihm durch die Arbeitsunfähigkeit entstanden ist, so geht dieser Anspruch insoweit auf den Arbeitgeber über, als dieser dem Arbeitnehmer nach diesem Gesetz Arbeitsentgelt fortgezahlt und darauf entfallende vom Arbeitgeber zu tragende Beiträge zur Bundesanstalt für Arbeit, Arbeitgeberanteile an Beiträgen zur Sozialversicherung und zur Pflegeversicherung sowie zu Einrichtungen der zusätzlichen Alters- und Hinterbliebenenversorgung abgeführt hat.

(2) Der Arbeitnehmer hat dem Arbeitgeber unverzüglich die zur Geltendmachung des Schadensersatzanspruchs erforderlichen Angaben zu machen.

(3) Der Forderungsübergang nach Absatz 1 kann nicht zum Nachteil des Arbeitnehmers geltend gemacht werden.

§ 7
Leistungsverweigerungsrecht des Arbeitgebers

(1) Der Arbeitgeber ist berechtigt, die Fortzahlung des Arbeitsentgelts zu verweigern,

1. solange der Arbeitnehmer die von ihm nach § 5 Abs. 1 vorzulegende ärztliche Bescheinigung nicht vorlegt oder den ihm nach § 5 Abs. 2 obliegenden Verpflichtungen nicht nachkommt;
2. wenn der Arbeitnehmer den Übergang eines Schadensersatzanspruchs gegen einen Dritten auf den Arbeitgeber (§ 6) verhindert.

(2) Absatz 1 gilt nicht, wenn der Arbeitnehmer die Verletzung dieser ihm obliegenden Verpflichtungen nicht zu vertreten hat.

§ 8
Beendigung des Arbeitsverhältnisses
(1) Der Anspruch auf Fortzahlung des Arbeitsentgelts wird nicht dadurch berührt, daß der Arbeitgeber das Arbeitsverhältnis aus Anlaß der Arbeitsunfähigkeit kündigt. Das gleiche gilt, wenn der Arbeitnehmer das Arbeitsverhältnis aus einem vom Arbeitgeber zu vertretenden Grunde kündigt, der den Arbeitnehmer zur Kündigung aus wichtigem Grund ohne Einhaltung einer Kündigungsfrist berechtigt.

(2) Endet das Arbeitsverhältnis vor Ablauf der in § 3 Abs. 1 bezeichneten Zeit nach dem Beginn der Arbeitsunfähigkeit, ohne daß es einer Kündigung bedarf, oder infolge einer Kündigung aus anderen als den in Absatz 1 bezeichenten Gründen, so endet der Anspruch mit dem Ende des Arbeitsverhältnisses.

§ 9
Maßnahmen der medizinischen Vorsorge und Rehabilitation
(1) Die Vorschriften der §§ 3 bis 4a und 6 bis 8 gelten entsprechend für die Arbeitsverhinderung infolge einer Maßnahme der medizinischen Vorsorge oder Rehabilitation, die ein Träger der gesetzlichen Renten-, Kranken- oder Unfallversicherung, eine Verwaltungsbehörde der Kriegsopferversorgung oder ein sonstiger Sozialleistungsträger bewilligt hat und die in einer Einrichtung der medizinischen Vorsorge oder Rehabilitation stationär durchgeführt wird. Ist der Arbeitnehmer nicht Mitglied einer gesetzlichen Krankenkasse oder nicht in der gesetzlichen Rentenversicherung versichert, gelten die §§ 3 bis 4a und 6 bis 8 entsprechend, wenn eine Maßnahme der medizinischen Vorsorge oder Rehabilitation ärztlich verordnet worden ist und stationär in einer Einrichtung der

medizinischen Vorsorge oder Rehabilitation oder einer vergleichbaren Einrichtung durchgeführt wird.

(2) Der Arbeitnehmer ist verpflichtet, dem Arbeitgeber den Zeitpunkt des Antritts der Maßnahme, die voraussichtliche Dauer und die Verlängerung der Maßnahme im Sinne des Absatzes 1 unverzüglich mitzuteilen und ihm

a) eine Bescheinigung über die Bewilligung der Maßnahme durch einen Sozialleistungsträger nach Absatz 1 Satz 1 oder

b) eine ärztliche Bescheinigung über die Erforderlichkeit der Maßnahme im Sinne des Absatzes 1 Satz 2

unverzüglich vorzulegen.

§ 10
Wirtschaftliche Sicherung für den Krankheitsfall im Bereich der Heimarbeit
(1) In Heimarbeit Beschäftigte (§ 1 Abs. 1 des Heimarbeitsgesetzes) und ihnen nach § 1 Abs. 2 Buchstabe a bis c des Heimarbeitsgesetzes Gleichgestellte haben gegen ihren Auftraggeber oder, falls sie von einem Zwischenmeister beschäftigt werden, gegen diesen Anspruch auf Zahlung eines Zuschlags zum Arbeitsentgelt. Der Zuschlag beträgt

1. für Heimarbeiter, für Hausgewerbetreibende ohne fremde Hilfskräfte und die nach § 1 Abs. 2 Buchstabe a des Heimarbeitsgesetzes Gleichgestellten 3,4 vom Hundert,

2. für Hausgewerbetreibende mit nicht mehr als zwei fremden Hilfskräften und die nach § 1 Abs. 2 Buchstabe b und c des Heimarbeitsgesetzes Gleichgestellten 6,4 vom Hundert

des Arbeitsentgelts vor Abzug der Steuern, des Beitrags zur Bundesanstalt für Arbeit und der Sozialversicherungsbeiträge ohne Unkostenzuschlag und ohne die für den

Lohnausfall an gesetzlichen Feiertagen, den Urlaub und den Arbeitsausfall infolge Krankheit zu leistenden Zahlungen. Der Zuschlag für die unter Nummer 2 aufgeführten Personen dient zugleich zur Sicherung der Ansprüche der von ihnen Beschäftigten.

(2) Zwischenmeister, die den in Heimarbeit Beschäftigten nach § 1 Abs. 2 Buchstabe d des Heimarbeitsgesetzes gleichgestellt sind, haben gegen ihren Auftraggeber Anspruch auf Vergütung der von ihnen nach Absatz 1 nachweislich zu zahlenden Zuschläge.

(3) Die nach den Absätzen 1 und 2 in Betracht kommenden Zuschläge sind gesondert in den Entgeltbeleg einzutragen.

(4) Für Heimarbeiter (§ 1 Abs. 1 Buchstabe a des Heimarbeitsgesetzes) kann durch Tarifvertrag bestimmt werden, daß sie statt der in Absatz 1 Satz 2 Nr. 1 bezeichneten Leistungen die den Arbeitnehmern im Falle ihrer Arbeitsunfähigkeit nach diesem Gesetz zustehenden Leistungen erhalten. Bei der Bemessung des Anspruch auf Arbeitsentgelt bleibt der Unkostenzuschlag außer Betracht.

(5) Auf die in den Absätzen 1 und 2 vorgesehenen Zuschläge sind die §§ 23 bis 25, 27 und 28 des Heimarbeitsgesetzes, auf die in Absatz 1 dem Zwischenmeister gegenüber vorgesehenen Zuschläge außerdem § 21 Abs. 2 des Heimarbeitsgesetzes entsprechend anzuwenden. Auf die Ansprüche der fremden Hilfskräfte der in Absatz 1 unter Nummer 2 genannten Personen auf Entgeltfortzahlung im Krankheitsfall ist § 26 des Heimarbeitsgesetzes entsprechend anzuwenden.

§ 11
Feiertagsbezahlung der in Heimarbeit Beschäftigten

(1) Die in Heimarbeit Beschäftigten (§ 1 Abs. 1 des Heimarbeitsgesetzes) haben gegen den Auftraggeber oder Zwischenmeister Anspruch auf Feiertagsbezahlung nach Maßgabe der Absätze 2 bis 5. Den gleichen Anspruch haben die in § 1 Abs. 2 Buchstabe a bis d des Heimarbeitsgesetzes bezeichneten Personen, wenn sie hinsichtlich der Feiertagsbezahlung gleichgestellt werden; die Vorschriften des § 1 Abs. 3 Satz 3 und Abs. 4 und 5 des Heimarbeitsgesetzes finden Anwendung. Eine Gleichstellung, die sich auf die Entgeltregelung erstreckt, gilt auch für die Feiertagsbezahlung, wenn diese nicht ausdrücklich von der Gleichstellung ausgenommen ist.

(2) Das Feiertagsgeld beträgt für jeden Feiertag im Sinne des § 2 Abs. 1 0,72 vom Hundert des in einem Zeitraum von sechs Monaten ausgezahlten reinen Arbeitsentgelts ohne Unkostenzuschläge. Bei der Berechnung des Feiertagsgeldes ist für die Feiertage, die in den Zeitraum vom 1. Mai bis 31. Oktober fallen, der vorhergehende Zeitraum vom 1. November bis 30. April und für die Feiertage, die in den Zeitraum vom 1. November bis 30. April fallen, der vorhergehende Zeitraum vom 1. Mai bis 31. Oktober zugrunde zu legen. Der Anspruch auf Feiertagsgeld ist unabhängig davon, ob im laufenden Halbjahreszeitraum noch eine Beschäftigung in Heimarbeit für den Auftraggeber stattfindet.

(3) Das Feiertagsgeld ist jeweils bei der Entgeltzahlung vor dem Feiertag zu zahlen. Ist die Beschäftigung vor dem Feiertag unterbrochen worden, so ist das Feiertagsgeld spätestens drei Tage vor dem Feiertag auszuzahlen. Besteht bei der Einstellung der Ausgabe von Heimarbeit zwischen

den Beteiligten Einvernehmen, das Heimarbeitsverhältnis nicht wieder fortzusetzen, so ist dem Berechtigten bei der letzten Entgeltzahlung das Feiertagsgeld für die noch übrigen Feiertage des laufenden sowie für die Feiertage des folgenden Halbjahreszeitraumes zu zahlen. Das Feiertagsgeld ist jeweils bei der Auszahlung in die Entgeltbelege (§ 9 des Heimarbeitsgesetzes) einzutragen.

(4) Übersteigt das Feiertagsgeld, das der nach Absatz 1 anspruchsberechtigte Hausgewerbetreibende oder im Lohnauftrag arbeitende Gewerbetreibende (Anspruchsberechtigte) für einen Feiertag auf Grund des § 2 seinen fremden Hilfskräften (§ 2 Abs. 6 des Heimarbeitsgesetzes) gezahlt hat, den Betrag, den er auf Grund der Absätze 2 und 3 für diesen Feiertag erhalten hat, so haben ihm auf Verlangen seine Auftraggeber oder Zwischenmeister den Mehrbetrag anteilig zu erstatten. Ist der Anspruchsberechtigte gleichzeitig Zwischenmeister, so bleibt hierbei das für die Heimarbeiter oder Hausgewerbetreibenden empfangene und weiter gezahlte Feiertagsgeld außer Ansatz. Nimmt ein Anspruchsberechtigter eine Erstattung nach Satz 1 in Anspruch, so können ihm bei Einstellung der Ausgabe von Heimarbeit die erstatteten Beträge auf das Feiertagsgeld angerechnet werden, das ihm auf Grund des Absatzes 2 und des Absatzes 3 Satz 3 für die dann noch übrigen Feiertage des

laufenden sowie für die Feiertage des folgenden Halbjahreszeitraumes zu zahlen ist.

(5) Das Feiertagsgeld gilt als Entgelt im Sinne der Vorschriften des Heimarbeitsgesetzes über Mithaftung des Auftraggebers (§ 21 Abs. 2), über Entgeltschutz (§§ 23 bis 27) und über Auskunftspflicht über Entgelte (§ 28); hierbei finden die §§ 24 bis 26 des Heimarbeitsgesetzes Anwendung, wenn ein Feiertagsgeld gezahlt ist, das niedriger ist als das in diesem Gesetz festgesetzte.

§ 12
Unabdingbarkeit

Abgesehen von § 4 Abs. 4 kann von den Vorschriften dieses Gesetzes nicht zuungunsten des Arbeitnehmers oder der nach § 10 berechtigten Personen abgewichen werden.

§ 13
Übergangsvorschrift

Ist der Arbeitnehmer von einem Tag nach dem 9. Dezember 1998 bis zum 1. Januar 1999 oder darüber hinaus durch Arbeitsunfähigkeit infolge Krankheit oder infolge einer Maßnahme der medizinischen Vorsorge oder Rehabilitation an seiner Arbeitsleistung verhindert, sind für diesen Zeitraum die seit dem 1. Januar 1999 geltenden Vorschriften maßgebend, es sei denn, daß diese für den Arbeitnehmer ungünstiger sind.

III. Bundeserziehungsgeldgesetz –
Gesetz zum Erziehungsgeld und zur Elternzeit

vom 6. Dezember 1985 (BGBl. I S. 2154), in der Fassung der Bekanntmachung vom 31. Januar 1994 (BGBl. I S. 180), zuletzt geändert durch Gesetz vom 16. Februar 2001 (BGBl. I S. 266)

– Auszug –

§ 18
Kündigungsschutz

(1) Der Arbeitgeber darf das Arbeitsverhältnis ab dem Zeitpunkt, von dem an Elternzeit verlangt worden ist, höchstens jedoch acht Wochen vor Beginn der Elternzeit, und während der Elternzeit nicht kündigen. In besonderen Fällen kann ausnahmsweise eine Kündigung für zulässig erklärt werden. Die Zulässigkeitserklärung erfolgt durch die für den Arbeitsschutz zuständige oberste Landesbehörde oder die von ihr bestimmten Stelle. Die Bundesregierung kann mit Zustimmung des Bundesrates allgemeine Verwaltungsvorschriften zur Durchführung des Satzes 2 erlassen.

(2) Absatz 1 gilt entsprechend, wenn der Arbeitnehmer
1. während der Elternzeit bei seinem Arbeitgeber Teilzeitarbeit leistet oder
2. ohne Elternzeit in Anspruch zu nehmen, bei seinem Arbeitgeber Teilzeitarbeit leistet und Anspruch auf Erziehungsgeld hat oder nur deshalb nicht hat, weil das Einkommen (§ 6) die Einkommensgrenzen (§ 5 Abs. 2) übersteigt. Der Kündigungsschutz nach Nummer 2 besteht nicht, solange kein Anspruch auf Elternzeit nach § 15 besteht.

IV. Allgemeine Verwaltungsvorschriften zum Kündigungsschutz bei Erziehungsurlaub (§ 18 Abs. 1 Satz 3 des Bundeserziehungsgeldgesetzes)

Vom 2. Januar 1986 (BAnz. Nr. 1 S. 4)

Nach § 18 Abs. 1 Satz 3 des Bundeserziehungsgeldgesetzes vom 6. Dezember 1985 (BGBl. I S. 2154) werden mit Zustimmung des Bundesrates folgende Allgemeine Verwaltungsvorschriften erlassen:

§ 1
[Prüfung durch oberste Arbeitsschutzbehörde]

Die für den Arbeitsschutz zuständige oberste Landesbehörde oder die von ihr bestimmte Stelle (Behörde) hat zu prüfen, ob ein besonderer Fall gegeben ist. Ein solcher besonderer Fall liegt vor, wenn es gerechtfertigt erscheint, daß das nach § 18 Abs. 1 Satz 1 des Gesetzes als vorrangig angesehene Interesse des Arbeitnehmers am Fortbestand des Arbeitsverhältnisses wegen außergewöhnlicher Umstände hinter die Interessen des Arbeitgebers zurücktritt.

§ 2
[Zulässigkeit der Kündigung im Erziehungsurlaub]

(1) Bei der Prüfung nach Maßgabe des § 1 hat die Behörde davon auszugehen, daß ein besonderer Fall im Sinne des § 18 Abs. 1 Satz 2 des Gesetzes insbesondere dann gegeben ist, wenn

1. der Betrieb, in dem der Arbeitnehmer beschäftigt ist, stillgelegt wird und der Arbeitnehmer nicht in einem anderen Betrieb des Unternehmens weiterbeschäftigt werden kann,

2. die Betriebsabteilung, in der der Arbeitnehmer beschäftigt ist, stillgelegt wird und der Arbeitnehmer nicht in einer anderen Betriebsabteilung des Betriebes oder in einem anderen Betrieb des Unternehmens weiterbeschäftigt werden kann,

3. der Betrieb oder die Betriebsabteilung, in denen der Arbeitnehmer beschäftigt ist, verlagert wird und der Arbeitnehmer an dem neuen Sitz des Betriebes oder der Betriebsabteilung und auch in einer anderen Betriebsabteilung oder in einem anderen Betrieb des Unternehmens nicht weiterbeschäftigt werden kann,

4. der Arbeitnehmer in den Fällen der Nummern 1 bis 3 eine ihm vom Arbeitgeber angebotene, zumutbare Weiterbeschäftigung auf einem anderen Arbeitsplatz ablehnt,

5. durch die Aufrechterhaltung des Arbeitsverhältnisses nach Beendigung des Erziehungsurlaubs die Existenz des Betriebes oder die wirtschaftliche Existenz des Arbeitgebers gefährdet wird,

6. besonders schwere Verstöße des Arbeitnehmers gegen arbeitsvertragliche Pflichten oder vorsätzliche strafbare Handlungen des Arbeitnehmers dem Arbeitgeber die Aufrechterhaltung des Arbeitsverhältnisses unzumutbar machen.

160

(2) Ein besonderer Fall im Sinne des § 18 Abs. 1 Satz 2 des Gesetzes kann auch dann gegeben sein, wenn die wirtschaftliche Existenz des Arbeitgebers durch die Aufrechterhaltung des Arbeitsverhältnisses nach Beendigung des Erziehungsurlaubs unbillig erschwert wird, so daß er in die Nähe der Existenzgefährdung kommt. Eine solche unbillige Erschwerung kann auch dann angenommen werden, wenn der Arbeitgeber in die Nähe der Existenzgefährdung kommt, weil

1. der Arbeitnehmer in einem Betrieb mit in der Regel 5 oder weniger Arbeitnehmern ausschließlich der zu ihrer Berufsbildung Beschäftigten beschäftigt ist und der Arbeitgeber zur Fortführung des Betriebes dringend auf eine entsprechend qualifizierte Ersatzkraft angewiesen ist, die er nur einstellen kann, wenn er mit ihr einen unbefristeten Arbeitsvertrag abschließt; bei der Feststellung der Zahl der beschäftigten Arbeitnehmer sind nur Arbeitnehmer zu berücksichtigen, deren regelmäßige Arbeitszeit wöchentlich 10 Stunden oder monatlich 45 Stunden übersteigt, oder

2. der Arbeitgeber wegen der Aufrechterhaltung des Arbeitsverhältnisses nach Beendigung des Erziehungsurlaubs keine entsprechend qualifizierte Ersatzkraft für einen nur befristeten Arbeitsvertrag findet und deshalb mehrere Arbeitsplätze wegfallen müßten.

§ 3
[Entscheidung nach pflichtgemäßem Ermessen]
Kommt die Behörde zu dem Ergebnis, daß ein besonderer Fall im Sinne des § 18 Abs. 1 Satz 2 des Gesetzes gegeben ist, so hat sie im Rahmen ihres pflichtgemäßen Ermessens zu entscheiden, ob das Interesse des Arbeitgebers an einer Kündigung während des Erziehungsurlaubs so erheblich überwiegt, daß ausnahmsweise die vom Arbeitgeber beabsichtigte Kündigung zu erklären ist.

§ 4
[Schriftlicher Antrag]
Die Zulässigkeitserklärung der Kündigung hat der Arbeitgeber bei der für den Sitz des Betriebes oder der Dienststelle zuständigen Behörde schriftlich oder zu Protokoll zu beantragen. Im Antrag sind der Arbeitsort und die vollständige Anschrift des Arbeitnehmers, dem gekündigt werden soll, anzugeben. Der Antrag ist zu begründen; etwaige Beweismittel sind beizufügen oder zu benennen.

§ 5
[Anhörungsrechte]
(1) Die Behörde hat die Entscheidung unverzüglich zu treffen.

(2) Die Behörde hat vor ihrer Entscheidung dem betroffenen Arbeitnehmer sowie dem Betriebs- und Personalrat Gelegenheit zu geben, sich mündlich oder schriftlich zu dem Antrag nach § 4 zu äußern.

§ 6
[Wirksamwerden zum Ende des Erziehungsurlaubs]
Die Zulässigkeit der Kündigung kann unter Bedingungen erklärt werden, z.B., daß sie erst zum Ende des Erziehungsurlaubs ausgesprochen wird.

§ 7
[Schriftform der Entscheidung. Zustellung]
Die Behörde hat ihre Entscheidung (Zulässigkeitserklärung oder Ablehnung mit Rechtsbehelfsbelehrung) schriftlich zu er-

lassen, schriftlich zu begründen und dem Arbeitgeber und dem Arbeitnehmer zuzustellen. Dem Betriebs- oder Personalrat ist eine Abschrift zu übersenden.

§ 8
[Auszubildende. Heimarbeiter]
(1) Die zu ihrer Berufbildung Beschäftigten gelten als Arbeitnehmer im Sinne der vorstehenden Vorschriften.

(2) Für die in Heimarbeit Beschäftigten und die ihnen Gleichgestellten (§ 1 Abs. 1 und 2 des Heimarbeitsgesetzes), soweit sie am Stück mitarbeiten, gelten die vorstehenden Vorschriften entsprechend mit der Maßgabe, daß an die Stelle des Arbeitgebers der Auftraggeber oder der Zwischenmeister tritt (vgl. § 20 des Gesetzes).

Stichwortverzeichnis

Die Neuregelungen auf einen Blick

Michael Kossens / Judith Kerschbaumer

Arbeitnehmer in Teilzeit
2001. 163 Seiten, kartoniert

Das Buch stellt die Neuregelungen dar, die sich durch das „Gesetz über Teilzeit und befristete Arbeitsverträge" zum 1.1.2001 ergeben haben. Im Blickpunkt stehen insbesondere die Neuregelungen zum Anspruch der Arbeitnehmer auf Teilzeit, die kündigungsrechtlichen und rentenrechtlichen Änderungen sowie die Weiterbildungsmöglichkeiten von Teilzeitbeschäftigten.

Bitte besuchen Sie uns im Internet: www.bund-verlag.de

Bund-Verlag

Leitfaden für das 4-Augen-Gespräch

Thomas Breisig / Susanne König / Peter Wengelowski

Arbeitnehmer im Mitarbeitergespräch

2001. 240 Seiten, kartoniert

Regelmäßige Mitarbeitergespräche haben sich als Führungsinstrument etabliert. Der Ratgeber analysiert unterschiedliche Gesprächstypen; im Mittelpunkt steht das Zielvereinbarungsgespräch. Beschäftigte erhalten praktische Hilfen, um Gespräche vorbereiten und aktiv gestalten zu können. Mit Checklisten, Übersichten und Musterschreiben.

Bitte besuchen Sie uns im Internet: www.bund-verlag.de

Bund-Verlag